AF193405

ACCESO GRATIS *a la Lectura en la Nube*

Para visualizar el libro electrónico en la nube de lectura envíe junto a su nombre y apellidos una fotografía del código de barras situado en la contraportada del libro y otra del ticket de compra a la dirección:

ebooktirant@tirant.com

En un máximo de 72 horas laborables le enviaremos el código de acceso con sus instrucciones.

Familias, migraciones y transnacionalidad.
Una visión multidisciplinar aplicada

Yolanda Hernández-Albújar
Marco Gemignani
Nerea Larrinaga-Bidegain
Universidad Loyola Andalucía
Autores

Familias, migraciones y transnacionalidad. Una visión multidisciplinar aplicada

tirant humanidades
Valencia, 2026

© Yolanda Hernández-Albújar
Marco Gemignani
Nerea Larrinaga-Bidegain

©TIRANT HUMANIDADES
EDITA: TIRANT HUMANIDADES
C/ Artes Gráficas, 14 46010 Valencia
TELFS.: 96/361 00 48 50
FAX: 96/369 41 51
Email:tlb@tirant.com
www.tirant.com
Librería virtual: www.tirant.es
DEPÓSITO LEGAL: V-5090-2025
ISBN: 978-84-1081-632-9
MAQUETA: Disset ediciones

Si tiene alguna queja o sugerencia, envíenos un mail a: atencioncliente@tirant. com. En caso de no ser atendida su sugerencia, por favor, lea en *www.tirant.net/ index.php/empresa/politicasdeempresa* nuestro Procedimiento de quejas.

Responsabilidad Social Corporativa:
http://www.tirant.net/Docs/RSCTirant.pdf

Yolanda Hernández-Albújar

Yolanda Hernández-Albújar es doctora en Sociología por la University of Pittsburgh, EE.UU. y profesora en la Universidad de Sevilla. Su labor investigadora se centra en género, migraciones y familias transnacionales, con énfasis en los impactos psicosociales de la movilidad humana, las configuraciones familiares a distancia y las construcciones de identidad.

Ha sido co-investigadora principal en proyectos internacionales financiados por la Agencia Andaluza de Cooperación y USAID, entre otros, en los que ha abordado la relación entre migración y violencia de género, el cuidado transnacional y los efectos del cambio climático en las decisiones migratorias. Es autora y coeditora de varios libros, así como de numerosos artículos en revistas científicas internacionales de alto impacto. Además, forma parte de consejos editoriales y comités académicos internacionales, y desarrolla labores de divulgación mediante entrevistas, documentales y la dirección del pódcast Migrantes y Migraciones.

Marco Gemignani

Marco Gemignani es profesor Titular en el Departamento de Psicología de la Universidad Loyola (Sevilla, España). Experto en metodología cualitativa y en psicología comunitaria clínica, centra su labor en los estudios sobre migración y cultura. Forma parte del comité editorial de varias revistas y asociaciones dedicadas a la investigación cualitativa en ciencias sociales y a los estudios culturales. Anteriormente, fue profesor titular en el Departamento de Psicología de la Universidad de Duquesne (Pittsburgh, PA, EE.UU.), donde fundó y dirigió el programa de "Servicios Psicológicos para Personas de Habla Hispana". Actualmente es presidente electo de la Asociación Europea de Investigadores Cualitativos en Psicología.

Nerea Larrinaga-Bidegain

Nerea Larrinaga Bidegain es doctora en Desarrollo Inclusivo y Sostenible por la Universidad Loyola Andalucía especializada en Migraciones. Su investigación se centra en las dinámicas de cuidado en familias transnacionales desde una perspectiva de género y la construcción social del fenómeno migratorio. Ha participado como ponente en congresos internacionales y co-publicado artículos académicos sobre procesos migratorios. Combina su labor investigadora con experiencia en periodismo internacional, comunicación social y producción audiovisual, desde un enfoque comprometido con la transformación social.

Agradecimientos

Este libro es fruto de un esfuerzo colectivo en el que participaron numerosas personas en distintas fases y niveles del proceso de elaboración.

En primer lugar, queremos expresar nuestro agradecimiento a La Agencia Andaluza de Cooperación Internacional para el Desarrollo (AACID) que tan generosamente financió este proyecto.

También queremos reconocer el apoyo de las compañeras del equipo de investigación que de forma desinteresada nos ayudaron a recoger parte de los datos presentados aquí: la Dra. Desi Ruiz Aranda y la Dra. Michela Accerenzi.

Agradecemos especialmente a todo el equipo de la Asociación PILARH, nuestro socio local, que demostró en cada ocasión una gran profesionalidad y compromiso con el proyecto. Así como a la Fundación ETEA, por hacer un seguimiento tan competente de todos los aspectos técnicos y logísticos en terreno. Sobre todo, a Descireth Sánchez que, incluso en momentos de dificultad, estuvo siempre al pie del cañón.

Mil gracias a Gema Daza Campos y David García Serrano, quienes leyeron el manuscrito y ofrecieron observaciones muy útiles para mejorar la claridad, coherencia y accesibilidad del texto.

Pero, sin duda, nuestro mayor agradecimiento es para las familias y profesionales que accedieron a participar en esta investigación. Gracias por compartir sus experiencias y conocimientos. Ustedes son el alma de este trabajo y sin su generosidad y confianza nada de esto habría sido posible.

Índice

1. Introducción

Adela es una mujer de poco más de 50 años que vive en la periferia de Santa Rosa de Copán, en el occidente de Honduras. Tiene tres hijos en el extranjero y está a cargo de dos de sus nietos, los hijos de Ana. Ana migró a España en el 2020 donde trabaja como cuidadora de un anciano para poder cubrir la deuda de la casa que se construyó y que dejó de pagar al perder su trabajo en Santa Rosa. Adela sufre mucho la separación de su hija, a la cual crió sola cuando su marido las abandonó. Sus nietos, de 14 y 7 años viven con ella, el mayor quiere reunirse con su madre pronto y por eso ha dejado la escuela. Es un adolescente tímido e introvertido y cada vez se comunica menos con su madre. Adela se siente responsable y anima a su nieto a que la llame, aunque a veces no sepa qué contar. A ella misma le ocurre algo parecido, cuando habla con su hija no le cuenta todo, no quiere preocuparla, tiene miedo de que Ana se sienta impotente en la distancia y decida llevarse a sus hijos a vivir con ella a España. Adela entendería esta reacción, pero separarse de ellos sería muy duro y la haría sentir aún más sola. Para ella, cuidar de sus nietos es una forma de cuidar también de su hija.

Esta es una situación común en algunas zonas del mundo, donde muchas madres, padres o ambos se ven obligados a migrar a un país extranjero. La migración es un fenómeno atemporal e inherente a la sociedad humana. Aun así, lo que era antes una alternativa excepcional en algunas regiones y en algunos momentos de crisis específicas, ahora se está generalizando a nivel global. Por eso, como ya afirmaba Stephen Castles a finales de los noventa, la intensificación del flujo constante de personas está marcando las sociedades contemporáneas en todas sus dimensiones, hasta el punto de que se ha convertido en una de las características más importantes de la globalización y uno de los elementos de transformación social más evidentes (Castles, 1998).

Es difícil apuntar a un único motivo de marcha; los expertos/as concuerdan en que las razones son múltiples y acumulativas (Massey, 1990). Sin embargo, como se muestra en la viñeta de cabecera, en las narrativas de las personas que deciden migrar separándose de sus seres queridos, aparecen como temas recurrentes la falta de perspectivas de futuro, el deseo de dar una vida más digna a sus familiares y la necesidad de garantizar un futuro mejor para ellos. En este contexto de flujos continuos, muchas familias experimentan la separación de uno o más miembros a medio y largo plazo, por lo que el modelo cultural dominante de familia tradicional que cada sociedad desarrolla difícilmente se adapta a la realidad y necesidades de aquellas que viven separadas.

Las migraciones son procesos vivos y dinámicos que se articulan de forma compleja según los actores y el entorno sociopolítico y económico de cada momento. El movimiento internacional de personas implica la combinación de numerosos factores que a priori pueden parecer opuestos e incompatibles, pero que, en realidad, dialogan entre ellos creando nuevas posibilidades y/o puntos de tensión. Por ejemplo, hoy en día, la separación física no significa necesariamente una separación emocional. Bryceson y Vuorela (2002) entre otros, apuntan a la capacidad de las familias de seguir manteniendo lazos emocionales y de colaboración entre sus miembros. Esta es una realidad que en los últimos años ha emergido gracias al desarrollo de las nuevas tecnologías de la información y de la comunicación (NTIC), las cuales son mucho más rápidas y están disponibles a un amplio sector de la población. El fácil acceso a las NTIC permite a las familias transnacionales elaborar estrategias para seguir presentes sin estar físicamente "allí" (Madianou, 2019).

A nivel social, también observamos como la migración puede contemporáneamente situar a las personas migrantes en posiciones dispares, o lo que la socióloga Floya Anthias llama, una movilidad de doble sentido. Por ejemplo, gracias a las remesas las personas migrantes y sus familias tienen más recursos para aumentar su estatus, posición económica y reconocimiento social en el lugar de origen. Por el contrario, en el país de llegada, las limitaciones burocráticas de incorporación al mundo laboral, así como las restricciones de acceso al permiso de residencia o a la ciudadanía, generan inequidad social y precariedad económica (Anthias, 2013). Esto mismo ocurre en las relaciones y roles de género que se establecen en el marco de las migraciones: mientras que algunas situaciones pueden favorecer transformaciones profundas, por ejemplo, en los casos en que la mujer se incorpora al mercado laboral y se convierte en principal proveedora para la familia; en otros, se establecen mecanismos que acentúan las divisiones dentro y fuera del hogar estereotipando las capacidades y funciones de la mujer y limitándolas al rol de madres y cuidadoras (Salazar Parreñas, 2015), en particular en el caso de las mujeres que se quedan (Hernández Cordero, 2016).

Teniendo en cuenta esta variedad de escenarios y su constante transformación, los estudios en migración requieren de aproximaciones empíricas y conceptualizaciones actuales, que puedan poner en diálogo los conocimientos recogidos en el pasado con las realidades de la migración contemporánea. En este sentido, ya desde la década de los noventa, los estudios en migración abordan muchas de las problemáticas y retos que las familias transnacionales enfrentan, aunque salvo excepciones, el foco suele recaer en la población migrante y no en su familia. Existe pues una falta importante de investigaciones que se centren en la perspectiva de aquellos que se quedan y en la de la de las y los profesionales que trabajan con ellos. Vista la relevancia de la temática y la necesidad de más información al respecto, hemos elaborado este documento basado en un estudio realizado entre enero del 2022 y julio del 2024 en el que han participado más de 540 personas, entre menores, sus cuidadoras, y los/as profesionales que trabajan con miembros de familias transnacionales (maestras/os, psicólogas/os y líderes religiosos/as).

1.1 OBJETIVOS Y ORGANIZACIÓN

Queremos poner a disposición de las y los profesionales actuales y futuros, así como de las mismas familias transnacionales, una guía en la que, además de presentar el estado actual en el campo de las migraciones transnacionales, exponemos los resultados de nuestra investigación y proponemos estrategias de intervención y mejora. Este manual puede ser una buena iniciación al mundo de las migraciones para estudiantes interesadas/os en el tema.

El movimiento de personas a través de las fronteras nacionales es una realidad que conlleva una compleja gestión, atenta y en constante actualización para descifrarla en su totalidad. Dicha realidad se enmarca, además, en un contexto marcado por el aumento de las políticas de securitización que intentan limitar el acceso de personas y que están provocando una jerarquización de quién puede y quién no puede acceder a una migración documentada (Menjívar, 2014). Las peculiaridades de cada situación hacen difícil las predicciones y las soluciones generalistas. Así, el presente estudio surge como respuesta a la necesidad imperante de comprender y abordar las repercusiones de la migración internacional en el ámbito familiar, específicamente, en el contexto de familias que enfrentan la complicada decisión de dejar a sus hijas e hijos a cargo de otras personas para buscar oportunidades laborales en otro país.

Pensando en las características únicas de las familias con menores que quedan al cuidado de un solo progenitor, o de otra persona, diseñamos un proyecto de investigación dedicado a comprender el impacto que la migración tiene en sus dinámicas internas, así como los retos a los que se enfrentan y las oportunidades que desarrollan las familias. Lo hicimos desde una perspectiva interdisciplinar con dos elementos novedosos que distinguen este estudio de los demás. Por un lado, estudiamos el fenómeno migratorio y su impacto en aquellas personas que no migran, con particular atención a los/las menores y a sus cuidadores/as, que en su mayoría son mujeres. Este foco lo hemos mantenido en el análisis de todo el proceso migratorio, desde la toma de decisiones, al reparto de responsabilidades y la comunicación que se establece entre los miembros que se quedan y aquellos que se van: por otro lado, hemos involucrado a todos los actores que viven esta experiencia en el lugar de origen bien sea de forma directa como indirecta. Para ello, además de trabajar con las familias (cuidadores/as y menores) hemos recogido las reflexiones y experiencias de psicólogos/as, maestros/as y líderes religiosos/as que interactúan regularmente con estas familias y entienden el fenómeno desde un marco profesional.

Esta guía se divide en nueve secciones, diseñadas y organizadas para introducir el fenómeno de las migraciones en general y de las familias transnacionales en particular. Con una perspectiva de género, nuestra investigación ha privilegiado una mirada crítica a las dinámicas de poder que rodean las vidas de estas familias y que marcan o limitan su bienestar psicosocial. Por eso, acabamos cada capítulo con una sección llamada *Para ir reflexionando,* donde introducimos preguntas de debate, tanto metodológicas como teóricas y de intervención. La intención es hacer partícipe a las lectoras/es e invitarles a elaborar conclusiones propias, que luego podrán poner en diálogo con las que nosotras presentamos al final del volumen.

Nos parece imprescindible, antes de exponer los resultados y las lecciones aprendidas, presentar el contexto en el que hemos desarrollado nuestra investigación. Por ello, en el primer capítulo de este libro, describimos el entorno social y económico dominante en Honduras, escenario que, con sus propias particularidades, puede servir de espejo a otras realidades geopolíticas del Sur Global. En el capítulo segundo, introducimos el marco teórico que ha guiado nuestro estudio, algunos conceptos fundamentales y la literatura más relevante sobre las migraciones transnacionales y las familias en dicho contexto. En la tercera sección, resumimos el proyecto, la metodología aplicada, las y los participantes y el análisis realizado. En el capítulo cuarto, abordamos el papel de los afectos en las migraciones desde una visión innovadora y crítica. En la quinta sección, continuamos ahondando en los resultados más relevantes de la investigación fijándonos en los acuerdos familiares. Más tarde, la sexta sección la dedicamos a las reunificaciones familiares, y la séptima a la importancia de la comunicación en la vida de las familias transnacionales. En el octavo capítulo hablamos de la necesaria colaboración entre familias e instituciones, y, por último, incluimos un capítulo con reflexiones finales a modo de cierre, en el que establecemos un diálogo con el/la lectora retomando las preguntas y reflexiones presentadas al final de cada sección.

1.2 Contexto del estudio: Honduras, economía y sociedad

La República de Honduras es un país de poco más de 10 millones de habitantes situado en Centroamérica y colindante con Guatemala, El Salvador, en lo que se ha denominado "Triángulo Norte", y Nicaragua. Al igual que otros países de América Latina, ha experimentado un aumento considerable de la emigración en las últimas décadas, con miles de personas que buscan oportunidades laborales y mejores condiciones de vida en el extranjero. Según datos oficiales, actualmente el país cuenta con casi un millón de emigrantes, lo que representa el 9,91% de la población total. Estas cifras adquieren un mayor significado si consideramos que el 22,7% de los hogares tienen al menos un familiar en el extranjero (City Population, 2023).

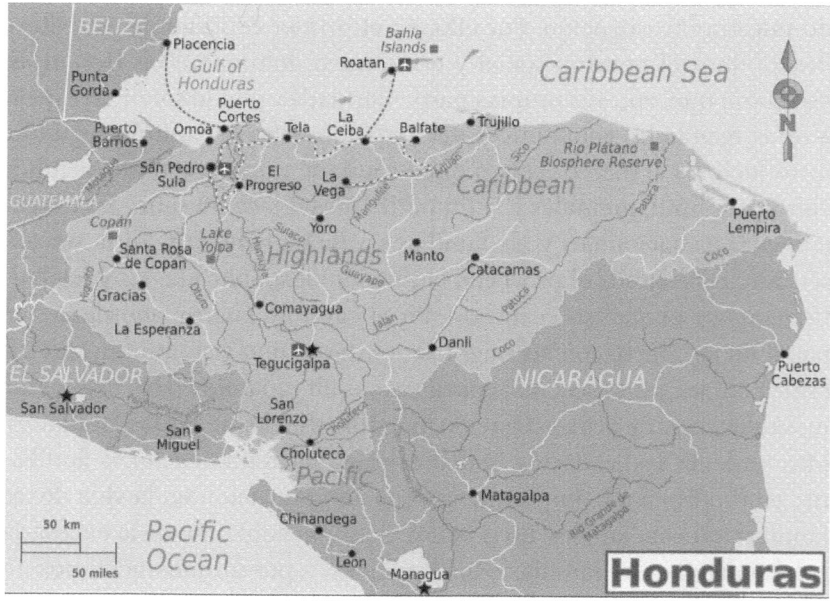

(*Wikimedia Commons, 2010*)

La mayoría de los y las migrantes de este país residen en los Estados Unidos (78,48%) aunque también hay una proporción considerable en

España (10,09%) y otra más pequeña en México (el 3,94%) (INE, 2013). En los últimos años los perfiles de las personas que emigran se han ido transformando: no solo lo hacen los hombres como responsables de proveer al hogar, sino que también salen los/las menores no acompañados y las mujeres. Respecto a estas últimas hay un dato importante que diferencia a Honduras de otros países: La emigración femenina asciende a un 59.28% del total de emigrantes, superando la media regional que está en un 50,5% y la mundial, que se sitúa en un 48,1% de acuerdo con los datos recogidos hasta el 2020 por la OIM (OIM, 2023).

La economía del país depende en gran parte de las exportaciones de productos textiles y agrícolas como las bananas y el café. Sin embargo, en los últimos tiempos se relaciona estrechamente con el aumento de la emigración, siendo el país de Latinoamérica que más remesas recibe en porcentaje a su PIB. Datos recogidos por el Banco Central de Honduras, constatan que el dinero que mandan los migrantes se ha convertido en una de las principales fuentes de divisas para la economía hondureña. Por ejemplo, en 2022 las remesas representaron el 26.7% del PIB nacional, lo que significa un incremento del 25% respecto al 2019 (Banco Central de Honduras, 2023).

A pesar de los tímidos avances en la reducción de la pobreza, Honduras aún se mantiene entre los países más pobres y con mayor nivel de desigualdad, situándose en el puesto 132 del ranking mundial (PNUD, 2021). El impacto de la pandemia de coronavirus (COVID-19) y de los recientes desastres naturales ha frenado su nivel de crecimiento y agravado la crisis, dejando aproximadamente 3.3 millones de personas en situación de inseguridad alimentaria aguda (FAO, 2021). Además, el aumento de la criminalidad pandillera y el control que algunas maras tienen de los recursos supone para la población un motivo de descontento y de inestabilidad importante. Honduras y El Salvador están entre los cinco países con mayor número de homicidios en el mundo (Banco Mundial, 2021).

La situación económica contrasta con la diversidad y riqueza étnica que tiene el país. Honduras es cuna de siete pueblos indígenas: chortís, lencas, misquitos, nahuas, pech, tawahka, tolupanes; además de contar con dos grupos étnicos afrodescendientes, que son los garífunas y los denominados negros de habla inglesa o creoles. El 17% de la población del país se identifica como indígena o afrodescendiente, pero esta población no goza de ninguna protección especial y ha visto sus tierras ser expropiadas y utilizadas para cultivos intensivos, lo que ha desembocado en tensiones políticas y luchas a favor de los derechos sobre la tierra y sus recursos. Dichas tensiones han conllevado, en demasiadas ocasiones, el asesinato o la desaparición de las y los líderes activistas que encabezaban las protestas (Human Rights Watch, 2023).

Al centrarnos en el género y los derechos de la mujer, Honduras tiene un panorama muy poco favorable. Dicho país presenta el triple de delitos contra mujeres que la media mundial y un 50% más que la media de los países latinoamericanos, lo que lo sitúa en uno de los países con más feminicidios del momento (Human Rights Watch, 2021). La violencia contra las mujeres supone un problema de salud y seguridad pública, presente en todos los aspectos de la sociedad, tanto en la esfera privada como en la pública (Keller et al., 2017). Aunque no existen estudios empíricos que prueben una correlación directa entre la violencia que sufren las mujeres y su posterior emigración, diversos factores intermedios sugieren una relación compleja. Por ejemplo, la violencia de género provoca el abandono escolar de muchas niñas, lo cual limita sus oportunidades en el mercado laboral y reduce su autonomía económica (CEPAL, 2018). La impunidad con la que los delitos contra mujeres suceden y la falta de alternativas que enfrentan pueden convertirse en un factor que impulsa la decisión de emigrar (Azpuru et al., 2018).

Por toda la información presentada, la elección de este contexto geográfico no es casual, ya que Honduras, al igual que otros países de América Latina, ha sido testigo de una migración significativa en las últimas décadas, con miles de personas que buscan oportunidades laborales y mejores condiciones de vida en el extranjero. Por accesibilidad al campo, concentramos la recogida de datos en el departamento de Copán, occidente hondureño. Por su situación geográfica cercana a las fronteras con Guatemala y El Salvador, esta zona no solo es emisora de migrantes, sino también territorio de tránsito para personas procedentes de países más al sur.

Para ir reflexionando

¿Hasta qué punto el contexto determina las migraciones?

¿De qué podría depender que algunas personas migren, mientras que otras, con situaciones similares, decidan no hacerlo?

¿Las migraciones impactan de forma diferente a las mujeres y a los hombres?

¿Se podría decir que, en el caso de las familias transnacionales, incluso los miembros que se quedan atrás forman parte de la migración?

---

2. Marco Teórico

2.1 MIGRACIONES TRANSNACIONALES: UNA MIRADA A LA SITUACIÓN ACTUAL

José es el sacerdote de una pequeña congregación católica a la que asisten feligreses/as de una zona rural. Hace años que trabaja en Centroamérica con familias migrantes, y también ha estado en primera línea en la frontera entre México y los EE.UU. En su experiencia, los casos más comunes y también los más difíciles de intervenir son los que implican la separación forzosa y prolongada entre padres/madres y sus hijos/as. Como nos contaba durante su entrevista, las personas que se van sin papeles tienen muchos problemas para reunirse con sus familiares. Conoció el caso de una familia que llevaba 20 años separada. El papá, que se fue cuando su compañera estaba embarazada, conocía a su hijo solo por foto. Más tarde, cuando el niño se hizo mayor, pudieron hacer alguna videollamada, pero la relación era fría y poco frecuente. El padre nunca pudo regularizar su situación y no quería salir del país para volver a entrar como lo hizo la primera vez, era demasiado arriesgado. Al no tener su situación migratoria regularizada, tampoco podía solicitar la reunificación familiar, y todavía menos quería que su hijo cruzara la frontera como lo hizo él. Así, la relación por todos esos años se basó, sobre todo, en el envío intermitente de remesas.

Como refleja el relato de José, la migración tiene un impacto que va más allá de las experiencias directas de la persona que se va; es un fenómeno social que involucra, de una forma u otra, a varios actores al mismo tiempo y que está muy relacionado con los afectos, las condiciones del viaje y las políticas que regulan los flujos. En efecto, ninguna región del mundo está al margen del movimiento actual de personas, ya que todos los países participan en mayor o menor medida como emisores, como receptores, o como lugar de paso. Es común también encontrar que los países varían su rol, o que combinan varios al mismo tiempo. Este es el caso de Honduras, que además de ser un país emisor, se ha convertido recientemente en un país de tránsito para muchas personas de la zona sur que buscan cruzar hacia los EE.UU. (INE & OIM, 2023). De hecho, según el Instituto Nacional de Estadística de Honduras y la Organización Internacional para las Migraciones (2023), 454.733 hogares hondureños tienen historial migratorio, representando esto el 17,7% de los hogares a nivel nacional (19,6% del total de hogares en el área rural y 16,5% en el área urbana). Además, según esta misma fuente, el 82,1% de la población emigrante (que se cifra en 348.445 personas en los últimos cinco años) elige EE.UU. como destino.

La multicausalidad del movimiento humano tiene como fondo situaciones de interdependencia económica y cultural que hacen difícil una explicación única de este fenómeno. El delicado y cambiante equilibrio geopolítico se complica aún más por la falta de regulaciones claras a nivel internacional. Por ejemplo, no existe una definición común y aceptada de "migrante" (OIM, 2019). En un intento para solventar este vacío normativo, la Organización Internacional para las Migraciones define así el concepto:

> "(...) toda persona que se traslada fuera de su lugar de residencia habitual, ya sea dentro de un país o a través de una frontera internacional, de manera temporal o permanente, y por diversas razones. Este término comprende una serie de categorías jurídicas bien definidas de personas, como los trabajadores migrantes; personas cuya forma particular de traslado está jurídicamente definida, como los/las migrantes objeto de tráfico; así como las personas cuya situación o medio de traslado no estén expresamente definidos en el derecho internacional, como los/las estudiantes internacionales" (OIM, 2019).

Sin caer en narrativas sensacionalistas, el contexto global de nuestros días testimonia cómo los flujos migratorios internacionales están aumentando en frecuencia y en intensidad, en una tendencia que no parece que vaya a disminuir. Como indica el último informe de la Organización Internacional para las Migraciones, en 1970 se contabilizaron 84 millones de migrantes internacionales, 153 en 1990 y 281 en 2020. Estas cifras representan, en términos de porcentaje con respecto a la población mundial, un aumento de 1,3 puntos, es decir del 2,3% de 1970 al 3,6% actual (OIM, 2024).

El testimonio de José es también indicativo de las condiciones en que la migración internacional se lleva a cabo, sobre todo las personas con menos recursos, las cuales soportan viajes más largos de lo habitual, más costosos y más inseguros (Larrinaga-Bidegain et al., 2024), lo que provoca que muchas madres y padres no se atrevan a viajar con sus familias y decidan hacerlo en solitario. A esto, tenemos que añadir que la imprevisibilidad de las condiciones de vida en el país de llegada, las dificultades para la regularización de estas personas y las barreras administrativas para obtener permisos de reunificación hacen que lo que en un principio tenía que ser una separación de corto o medio plazo, se convierta en un escenario permanente (Schmalzbauer, 2004).

La separación de los hijos o hijas es, por lo tanto, una realidad para muchas mujeres y hombres que viven fuera de sus países. Por ejemplo, en el Triángulo Norte, el 47% de las personas que han emigrado a Estados Unidos reporta tener hijos/as y, de estos hijos, un 54% ha permanecido en su región de origen, sin acompañar a sus progenitores en el proyecto migratorio (Abuelafia et al., 2019). Esta situación, que tradicionalmente se ha vivido como una ruptura del hogar, se está reconduciendo hacia nuevas posibilidades de familia.

Siguiendo esta línea, la responsabilidad, organización y afectos relacionados con los cuidados de los y las menores u otras personas dependientes, han empezado a tomar mayor relevancia dentro de los estudios migratorios, los cuales tendían a centrarse más en la persona o grupo en movimiento, dejando en un segundo plano las experiencias de las que se quedan en el país de origen (Boccagni & Baldassar, 2015). Desde hace una década, sin embargo, y seguramente impulsado por los avances de las redes sociales que permiten a los familiares una mayor inmediatez en sus comunicaciones (Yeoh et al., 2023), la multi-espacialidad de la migración se entiende como parte integral de la misma, es decir, se analiza como espacios interrelacionados. Este giro en la forma de ver y entender la separación física, independiente de otras formas de distancia emocional, económica, o de participación social, hace que las familias migrantes ya no sean vistas necesariamente como unidades fragmentadas, sino como familias extendidas a lo largo de varios contextos político-territoriales y socioculturales (Mahler & Pessar, 2001). Es en este marco de transnacionalidad en el que hemos situado nuestra investigación.

2.2 FAMILIAS Y MIGRACIONES: EL PAPEL DE LAS CUIDADORAS

Dado que las experiencias de las familias transnacionales tienen características personales y relacionales específicas, que a su vez se conectan con los discursos dominantes acerca de las migraciones, sería un error entender únicamente el movimiento humano desde una perspectiva de costes y beneficios, tal y como tienden a concebirlo las teorías neoclásicas (Canales, 2017; Veale & Andres, 2020). Por el contrario, las migraciones deben considerarse dentro del conjunto de relaciones afectivas y discursivas que caracterizan la transnacionalidad, las cuales se hacen aún más intensas dentro del contexto familiar (Larrinaga-Bidegain et al., 2024; Roelvink & Zolkos, 2015). En consecuencia, aunque es cierto que la migración de uno o ambos progenitores puede mejorar el poder adquisitivo de la familia que se queda, no es menos cierto que la separación también representa una fuente de preocupación para los padres migrantes puesto que muchos y muchas asumen no solo la responsabilidad de mantener a la familia, sino también la de seguir educando a sus hijos/as en la medida de lo posible y a pesar de la distancia (Baldassar et al., 2014). Al mismo tiempo, la ausencia del padre o madre genera una serie de dinámicas de adaptación significativas dentro de la familia que tiene que reconfigurar los roles y la autoridad en el grupo, ya que los hijos e hijas se suelen quedar bajo el cuidado de familiares o personas allegadas, en su mayoría mujeres como las abuelas, tías o hermanas mayores (Baldassar et al., 2007).

Partiendo de una perspectiva de género, resulta fundamental tener en cuenta que las negociaciones y cambios en los roles ocurren influidos por discursos dominantes ya establecidos que se (re)producen en las prácticas institucionales, los medios de comunicación y las narrativas políticas. En el contexto de la migración, se suma la complejidad de la diversidad cultural a la que se expone la familia, la cual tiene que negociar los significados compartidos y valores centrales de varias culturas, la de origen y la de acogida. Estos discursos combinados y la interpretación que hagan las personas o unidades familiares de ellos tienen un impacto real en la dinámica familiar. Por eso, afirmamos que la exposición a nuevas posibilidades de relación y modelos de roles diferentes desestabiliza los equilibrios familiares existentes previos a la experiencia migratoria haciendo que las dinámicas, afectivas, económicas y de poder relacionadas con el género y con las relaciones intergeneracionales, se transformen o al menos se cuestionen (Rubio, 2012).

En referencia a la agitación y búsqueda de nuevos equilibrios de la familia transnacional, es comprensible que el intercambio de cuidados que "es uno de los procesos centrales (prácticas y actuaciones) que mantiene y sostiene las relaciones familiares" (Baldassar et al. 2014, p.158) sea un espacio referencial de tensión y resistencias. Nos tenemos que preguntar sobre dichas resistencias o resignificaciones en clave de género ya que, en los países de origen, las responsables principales de atender a los familiares que se quedan, especialmente los menores, son las mujeres, por lo que de ellas se espera y a ellas se las acarrea la tarea de los cuidados (Hochschild, 2000). Esta clara tendencia se confirma también en nuestro estudio, en el que la gran mayoría de las personas cuidadoras participantes fueron mujeres. Por ello, hemos decidido referirnos a este grupo de población en femenino a lo largo de esta publicación. Esto es particularmente importante, ya que las expectativas sociales o familiares no siempre concuerdan con las de estas mujeres cuidadoras. Como hemos observado en nuestras investigaciones, en la mayoría de los casos, no se les consulta la decisión de migrar, tampoco se negocian con ellas las condiciones de la responsabilidad que se les da como nuevas o como únicas cuidadoras de sus hijos, nietos, sobrinos o hermanos. El o la familiar que parte apela a la solidaridad y al "deseo" de ayudar hacerlo, independientemente de la disponibilidad real de cada una (Larrinaga-Bidegain et al., 2024).

Los cuidados que proveen las mujeres en el lugar de origen están asociados a algunos factores determinantes, como el acceso limitado al mercado laboral o el nivel educativo, que es inferior cuando se compara con el de los hombres. En Honduras, de acuerdo con el último informe realizado sobre el Índice Global de Brecha de Género, los y las hondureñas han visto cómo sus ingresos disminuyeron en el 2022 y las más afectadas fueron las mujeres. Solo un 48,7% de las mujeres en edad laboral forman parte de la fuerza de trabajo, frente al 74,3% de los hombres. En lo que respecta a la educación, aunque ha habido grandes avances, muchas menos niñas, sobre todo las provenientes de las zonas rurales consiguieron graduarse de primaria en ese mismo año; concretamente 758,482, poco más de la mitad de los niños, que fueron 1,242,760 (Consejo Hondureño de la Empresa Privada, 2022).

Tampoco podemos olvidar la cuestión cultural, que ha perpetuado en gran medida que los estereotipos de feminidad giren entorno a sus funciones dentro de la esfera privada, arraigando a la mujer a una dependencia económica, a pesar de su indiscutible participación en el mercado laboral. Esta perspectiva hace más proclive a la sociedad en general a naturalizar el papel de la mujer como cuidadora y a desestimar sus funciones como agente económico, incluso dentro del marco de los cuidados (Sanchís, 2020). Esto es cierto independientemente de quien migre; por ejemplo, cuando el padre es quien se va, lo habitual es que la madre asuma el cuidado de los hijos e hijas. Sin embargo, si es la madre quien lo hace, suelen ser otras mujeres de la familia, y no el padre exclusivamente, quienes asumen esta responsabilidad (Micolta León & Escobar Serrano, 2010).

Por ello, la distribución de las responsabilidades del cuidado resulta central en la dinámica familiar y no es de extrañar que en el caso de los familiares que se quedan a cargo de menores u otras personas dependientes, la figura de la mujer siga siendo central. Varios estudios también destacan que, en las familias migrantes, aunque haya una buena parte de madres que migran y que se convierten en proveedoras principales, los discursos que vinculan a la mujer con los cuidados, incluso a pesar de la distancia, siguen predominando (Hochschild, 2000), algo que no ocurre con tanta frecuencia en los estudios de la población migrante masculina. Así, al ser frecuente que las madres y padres que se ven obligados a emigrar sin sus hijos e hijas recurran a otras mujeres de su entorno cercano, podemos afirmar que existe un marcado sesgo de género sobre el cual emergen muchas familias transnacionales.

A pesar del papel destacado de la mujer en la mayoría de los casos, no existe un modelo uniforme ni patrón generalizado que permita prever el efecto exacto que la migración tiene en la familia, ya sea en su reorganización práctica o en las reacciones emocionales ante este cambio importante (Fuller-Iglesias, 2015). A nivel afectivo y relacional existen diversas posibilidades, cada una con su propia lógica circunstancial. Para algunas familias la migración de uno o varios de sus miembros es considerada algo inevitable y lo incorporan a su día a día como parte de un proyecto común, mientras que para otras es un evento inesperado e impuesto sobre algunos miembros. En algunas familias, migrar podría agravar problemas preexistentes en las relaciones (Ayika et al., 2018), mientras que, en otras, podría tener el efecto contrario, mejorando las relaciones familiares y generando una mayor cohesión (Fuller-Iglesias, 2015).

Son varias las investigaciones que muestran cómo la migración, además de transformar los órdenes familiares más tradicionales, puede alterar los roles sociales y los estereotipos de masculinidad y feminidad (Montes, 2013). Aunque en la mayoría de los casos la salida a otro país del padre reafirma el rol del hombre como proveedor (Salazar Parreñas, 2008), la migración les brinda una oportunidad para que, tanto migrantes como no migrantes, transformen sus vínculos emocionales con los distintos miembros de la familia (Montes, 2013). De igual manera, diversos estudios sugieren que la migración puede ser una oportunidad para que las mujeres redefinan sus relaciones en el hogar (Morokvasik, 1984; Temin et al., 2013). En esta línea, es común que una madre que emigra asuma un rol económico más activo dentro de la familia, llegando en algunos casos a convertirse en la principal proveedora, una función que tradicionalmente se ha asignado al hombre. En estos casos, surge la posibilidad de renegociar el poder y la gestión de los recursos económicos tanto dentro como fuera de la familia. Así, la migración no solo transforma los modelos familiares tradicionales, sino que también puede modificar los roles sociales y los estereotipos asociados a la masculinidad y la feminidad.

Pero la situación parece distinta para las mujeres que permanecen en el país de origen, quienes, como hemos dicho, asumen mayor responsabilidad, aunque tienen poca capacidad de decisión (Larrinaga-Bidegain et al., 2024). Ante la responsabilidad que contraen las cuidadoras en el momento de la partida del progenitor/a del menor, resultan decisivos los acuerdos y negociaciones que definen la red de solidaridad y la gestión de los vínculos afectivos desde la distancia. Las especificidades de cada red vendrán marcadas por factores como la edad de los hijos/as, la duración del proyecto migratorio y la situación económica, legal, laboral y personal en la que están las mujeres que quedan al cuidado (Hernández Cordero, 2016). De ahí que un factor fundamental en la reorganización familiar y al que la literatura presta atención sean las remesas. Sin estos recursos, el cuidador o cuidadora puede verse imposibilitado o incluso no estar dispuesto a asumir la responsabilidad del menor, especialmente cuando las remesas también se destinan a cubrir las necesidades económicas de quien cuida (Best, 2014).

Para ir reflexionando

¿Por qué la literatura se centra en el migrante y no en la población que recibe o que pierde al migrante?

¿Un cambio de perspectiva al respecto podría tener consecuencias a la hora de diseñar intervenciones efectivas?

¿Qué papel tienen los avances en la comunicación en el contexto de la migración?

¿El hecho de que una familia esté repartida entre varios países la convierte automáticamente en una familia transnacional?

Yolanda Hernández Albújar / Marco Gemignani / Nerea Larrinaga Bidegain

3. Aspectos Metodológicos

3.1 INTERDISCIPLINARIEDAD Y PARTICIPACIÓN

Durante uno de los grupos focales, planteamos a las y los participantes la idea que un líder religioso compartió con nosotros/as durante una entrevista en la que contemplaba la posibilidad de organizar liturgias a las que los migrantes pudieran participar telemáticamente. Marisa, que trabaja como psicóloga en una escuela a la que asisten varios menores de padres emigrados, recogió esta idea y quiso compararla con su experiencia con los medios digitales como herramienta de intervención. Ella recalcó la importancia de la participación de la familia con las labores de la escuela, incluso después de haber migrado y a pesar de la distancia. Nos contó cómo, en alguna ocasión, había preparado a los/las menores y a sus progenitores para restablecer la comunicación, sobre todo si el niño/a era muy pequeño/a o si llevaban mucho tiempo sin hablar. Tener los medios para comunicarse no significa que sepan cómo romper el hielo o qué decirse, explicó. El resto de participantes presentes recibieron entusiasmados esta opción de intervención que a nosotros/as nos pareció que tenía el potencial de ser efectiva y sostenible.

La investigación que hemos llevado a cabo se ha basado en dos principios confluyentes a la hora de idear el proyecto, ejecutar tanto la recogida de datos como las actividades divulgativas y analizar la información recopilada. En primer lugar, trabajar a partir de un equipo interdisciplinar ha permitido dar un enfoque integral al fenómeno de las familias transnacionales. Los investigadores/as implicados provenimos de diferentes tradiciones epistemológicas y nos marcamos como primer objetivo para la comprensión del fenómeno de las familias transnacionales integrar de forma coherente y hacia un objetivo común nuestras diferentes formas de ver y entender la construcción de conocimiento. Con esa base, organizamos el diseño de la investigación, combinamos metodologías y procedimientos, y analizamos los datos. El equipo principal ha estado compuesto por una socióloga, dos psicólogos, una comunicadora e internacionalista y una antropóloga, todos con experiencia en estudios migratorios y en género, pero también hemos contado con un equipo colaborador y de apoyo que ha aportado visiones desde el desarrollo local y el trabajo social.

El diálogo teórico y metodológico entre varias disciplinas permite una reflexión más profunda sobre el conocimiento que producimos y del que partimos. Esto es crucial, ya que problematizar algunos conceptos que se dan por factuales o asumidos aumenta las posibilidades de encontrar respuestas o explicaciones fuera de lo establecido (Langford, 2017). En nuestro caso, por ejemplo, tras varios intercambios, concluimos que era importante no afrontar las problemáticas de las familias transnacionales como si fueran "familias rotas", evitando hablar o entender la situación de los menores como "left behind children" ("niños que se dejan atrás"), que es el término habitual con el que aparecen en la literatura. Incorporar perspectivas y unificarlas alrededor de aquello que queríamos evitar supuso nuestro punto de partida y nos ayudó a comprender nuestras propias formas de ver la migración, la separación, la maternidad y los roles de género.

La interdisciplinariedad también la aplicamos al rango abierto y dinámico de los participantes, ya que reunimos a un grupo heterogéneo de la población con el nexo común de su conocimiento y experiencia con la población migrante. A los testimonios directos de los/las menores y los/las familiares de las personas migradas, sumamos los de varios profesionales que, con o sin formación específica, abordan los retos de estas familias en su día a día. Tener diferentes perspectivas de este fenómeno nos ha permitido dar un enfoque más completo al análisis final.

Un segundo aspecto metodológico sustancial en nuestra investigación, acordado entre los principales investigadores desde el inicio del proyecto, ha sido el enfoque participativo que quisimos darle, el cual ha marcado gran parte de nuestras intervenciones y ha tenido un impacto en los resultados. Usando los estudios críticos de la poscolonialista y feminista Chela Sandoval (2000), hemos entendido la importancia y el valor de descentralizar tanto el conocimiento, como el modo en el que recogemos datos para conocer (metodología y método). En esta línea, hemos incluido la participación como un elemento democrático de la investigación misma, presente en las varias fases y no solo en la recogida de datos o en la devolución de los resultados. Este enfoque, aproxima teoría y práctica, las cuales se entrecruzan para identificar problemáticas comunes y construir habilidades y conocimientos colectivos capaces de generar cambios.

Un planteamiento metodológico de estas características implica, además de incluir las perspectivas del sujeto de estudio dentro de la construcción de los saberes que de él mismo se deriva, reconocer y reflexionar sobre la posicionalidad de la propia investigadora o investigador (Gemignani et al., 2024). Dicha disposición a replantearnos desde qué lugar epistémico trabajamos, así como nuestra relación tanto con las formas de investigar como con los/las participantes, ha sido central en las sesiones previas a nuestro acceso al campo para la recogida de datos y durante el análisis de estos. Además, entender las dinámicas de poder y llegar a significados compartidos era de particular importancia si consideramos que existen barreras históricas y culturales entre el equipo investigador y la población participante, que pueden limitar o sesgar la participación equitativa. Por ello, tuvimos en cuenta nuestro privilegio como investigadores provenientes de países con pasado colonizador y nos cuestionamos el derecho ético de representar o hablar por las y los participantes. En nuestro trabajo de campo, buscamos desarrollar una investigación centrada en sus significados propios y en la colaboración cojunta.

En este sentido, ha resultado estratégico contar con dos socios locales con larga presencia en la zona, lo que ha facilitado nuestro acceso al campo: la Fundación ETEA (Fundación para el Desarrollo y la Cooperación) y la Asociación PILARH (Asociación Proyectos e Iniciativas Locales para el Autodesarrollo Regional de Honduras) han sido nuestros colaboradores y el equipo en terreno que ha facilitado la identificación de potenciales participantes y adaptado la idoneidad de las actividades, lenguaje, tiempos y expectativas con las diversas poblaciones. Realizamos cuatro sesiones formativas para el equipo, que luego se encargó de recoger las encuestas, las entrevistas y que nos asistió durante los grupos focales. Durante los encuentros, estos pudieron dar su punto de vista, explicar experiencias pasadas con la población participante y su contexto cultural, lo que nos permitió ir ajustando el proyecto a medida que se desarrollaba.

Figura 1 *Método de trabajo*

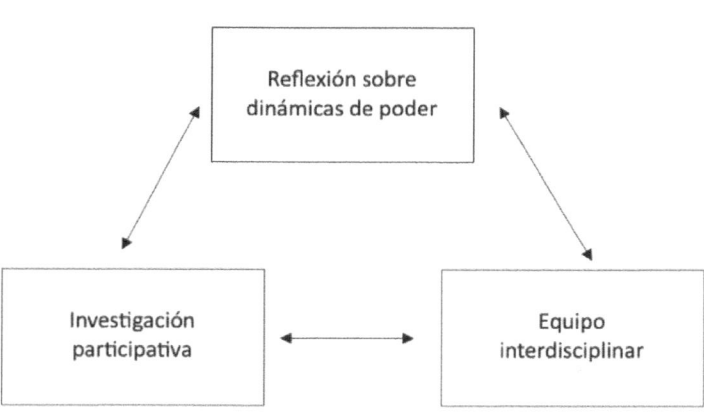

3.2 DESCRIPCIÓN DEL ESTUDIO, HERRAMIENTAS Y ANÁLISIS

Tras una revisión exhaustiva de la literatura (Larrinaga-Bidegain et al., 2024), y para completar nuestra aproximación a los retos y realidades de las/os menores de padres y/o madres migrantes, pasamos un total de 392 encuestas a niños y niñas de entre 10 y 14 años, siguiendo el modelo de escala SENA, Sistema de Evaluación de Niños y Adolescentes (Fernández-Pinto et al., 2015). Esta escala permite la evaluación de un extenso conjunto de contenidos organizados alrededor de tres grandes bloques de exploración: problemas, vulnerabilidad y recursos personales. Combinando los varios bloques obtuvimos índices sobre problemas emocionales, conductuales, de la función ejecutiva y de recursos individuales. La doctora Deseada Ruiz fue la encargada de recoger y analizar estos datos cuantitativos.

Para poder comparar y evaluar los efectos reales que tiene en las menores tener en el extranjero a su madre, padre o ambos las encuestas se pasaron a 209 niños y niñas provenientes de familias transnacionales (identificados en el estudio como niños/as de padres/madres emigrantes, en adelante NPE), mientras que 183 no tenían padres o madres migrantes y fueron nuestro grupo de control. Como nos interesaba también entender el factor género incluimos, en la medida de lo posible, un número similar de niñas y niños en los dos grupos, NPE y No-NPE. Del total de participantes, 48% eran niños y 52% eran niñas con una edad media de 11'67 años. Tras cruzar todos los resultados, con una prueba t-student para muestras independientes, no hallamos ninguna diferencia significativa. Los NPE no mostraron un mayor malestar emocional ni diferencias en sus recursos personales para afrontar esta situación si lo comparábamos con el grupo de control No-NPE.

Con estos datos empezamos la segunda fase de recogida de información: la fase cualitativa, en la que hemos basado este libro y todas nuestras actividades y publicaciones derivadas del proyecto. Si bien la fase cuantitativa no pudo detectar diferencias significativas entre los niños y niñas de padres/madres emigrantes y los que no lo son, sí que existe en la sociedad una percepción de las familias transnacionales que, aunque puede no reflejar con exactitud la realidad de los y las menores, sí puede influir sobre ellos y ellas, así como en sus familiares (Larrinaga-Bidegain et al., 2024).

La fase segunda también tuvo como propósito obtener retroalimentación de los grupos participantes sobre los resultados preliminares. Primero, realizamos un total de 106 entrevistas semiestructuradas a 25 menores, 34 cuidadores/as, 15 maestras/os, 15 psicólogas/os y 17 líderes o lideresas religiosos/as. Todas las entrevistas se transcribieron y fueron codificadas para identificar los temas principales que describen las construcciones personales y sociales de las experiencias de las y los participantes con respecto a la familia transnacional, sus retos y problemáticas. Tras la codificación inicial, realizamos un análisis temático reflexivo, que va más allá de la simple agrupación. Dicho análisis temático reflexivo, tal y como lo entienden Braun y Clarke, evita cualquier generalización descriptiva de los argumentos más frecuentes y privilegia la agrupación por significados como criterio principal. En esta agrupación por significados, también se sitúan los significados desde los que parten las propias investigadoras, que somos quienes hacemos las asunciones e interpretaciones de los datos en el mismo acto de codificación:

> El proceso de codificación requiere un continuo repliegue sobre uno mismo, cuestionando y poniendo en duda los supuestos que estamos haciendo al interpretar y codificar los datos (...). Los temas son historias creativas e interpretativas sobre los datos, producidas en la intersección de los supuestos teóricos del investigador, sus recursos y habilidades analíticas y los propios datos. Un análisis temático reflexivo de calidad no consiste en seguir los procedimientos «correctamente» (o en una codificación «precisa» y «fiable», o en lograr el consenso entre codificadores), sino en el compromiso reflexivo y meditado del investigador con sus datos y su compromiso reflexivo y meditado con el proceso analítico (Braun & Clarke, 2019: 594).

Tras la agrupación por significados, seleccionamos aquellos temas que mejor podían dar respuesta a la pregunta de investigación: ¿Qué retos enfrentan y qué oportunidades desarrollan en el lugar de origen las y los menores cuyos padres o madres han migrado, así como sus cuidadores o cuidadoras? Los temas fueron identificados primero de forma individual por cada investigador/a, para después ser consensuados, haciendo hincapié en las dinámicas de género que se generaban y/o transformaban, así como en la dimensión afectiva de las familias transnacionales.

Los resultados preliminares de las entrevistas individuales fueron compartidos y discutidos en una fase sucesiva de la recogida de datos que desarrollamos a través de seis grupos focales con un total de 48 participantes. A las y los participantes de estos grupos los dividimos a su vez según su relación con el fenómeno de la migración internacional y de las familias transnacionales: realizamos dos grupos focales con las cuidadoras, uno con las maestras y maestros, uno con las psicólogas, uno con líderes religiosos/as y otro mixto con profesionales de distintos ámbitos. A cada grupo, tras presentarles los resultados más destacables de las entrevistas, les hicimos una serie de preguntas abiertas iniciales que facilitaron el diálogo entre ellos/as. Siguiendo nuestro interés investigativo, dichas preguntas pretendían obtener más información y esclarecer aquellos temas que generaron mayor debate durante el análisis e interpretación de las entrevistas sobre género, equilibrios familiares y experiencias psicosociales.

Las narrativas generadas de las experiencias compartidas de cada grupo, o incluso de su forma diversa de ver o entender el fenómeno de la familia transnacional, permitieron, sin duda, una mejor comprensión y profundización de los temas que surgieron en las entrevistas, así como una interpretación más cercana a la de aquellas personas que viven o enfrentan la emigración en su cotidianeidad. Los grupos focales, además de ser una fuente adicional de datos, fueron clave a la hora de co-construir conocimiento de forma más colectiva y colaborativa. Este método es una herramienta muy útil en el caso de aquellas investigaciones que, como la nuestra, tienen como objetivo la intervención activa de los y las participantes (Padilla, 1993), al dejar margen de maniobra para poder reinterpretar tanto los resultados como los métodos y las interacciones epistemológicas. Por ello, desde nuestra perspectiva, los grupos focales supusieron mucho más que momentos de escucha entre participantes, y se convirtieron en espacios generativos de conocimiento.

Figura 2 *Fases de la investigación*

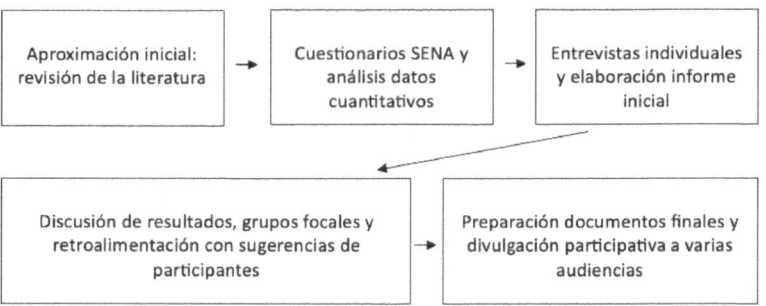

3.3 PARTICIPANTES

Para llevar a cabo nuestro estudio seleccionamos varios grupos de participantes involucrados/as de una u otra manera en los procesos migratorios, residentes en la zona occidental de Honduras, distrito de Copán. Durante la fase de captación de participantes, como hemos detallado anteriormente, contamos con la colaboración de la Fundación ETEA y con la Asociación PILARH.

En nuestra investigación podemos distinguir entre dos tipos de participantes. Por un lado, contamos con los y las menores de madres y padres emigrantes que se han quedado en el país de origen y las personas que quedan a cargo de su cuidado. Por otro, están aquellos profesionales que trabajan de forma regular con estas familias: maestras/os y psicólogas/os. En este segundo grupo de profesionales decidimos incluir también a los/as líderes religiosos de la comunidad, ya que, en Honduras, sobre todo en zonas de alto riesgo y poco alcance institucional, estas personas tienen un rol decisivo en la identificación de las familias transnacionales y en la intervención para la mejora de su situación.

Vista la heterogeneidad con respecto a la edad y al rol de la población participante, el nivel educativo fue también muy variado. Sin embargo, podemos afirmar que las y los cuidadores fueron el grupo que presentó un nivel educativo formal más bajo que el resto con marcada diferencia. Solo una de las cuidadoras reportó contar con estudios universitarios, mientras que el resto no había superado el grado medio, algo muy común en Honduras, en particular entre las personas de clase económicamente más desfavorecida, que precisamente conforman el grupo al que pertenece la mayoría de las familias transnacionales.

En todas las fases intentamos equilibrar el número de participantes mujeres con el de hombres. Esto fue relativamente sencillo en el caso de las escalas SENA aplicadas a los y las menores, ya que, aunque existe un número ligeramente mayor de niños que terminan la escuela en comparación con las niñas en los niveles más básicos, la presencia femenina sí está garantizada. En nuestro caso, y como hemos mencionado con anterioridad, la participación fue equitativa con un 48% de niños y un 52% de niñas. Sin embargo, a pesar de los esfuerzos en buscar activamente hombres, no obtuvimos dicha equidad de participación en el caso de las cuidadoras ni en el caso de las y los profesionales. De las 34 cuidadoras, solo tres hombres participaron en las entrevistas individuales y ninguno aceptó participar en los grupos focales. En el caso de las maestras, solo cinco hombres participaron en las entrevistas individuales, y dos en los grupos focales, de un total de ocho participantes. Las psicólogas, por su parte, fueron todas mujeres. Solo el grupo de los líderes religiosos, 17 en total, tuvo una participación en las entrevistas individuales mayor de hombres que de mujeres, en concreto 12 hombres y cinco mujeres. No obstante, no fue así en la fase de grupos focales, donde participaron únicamente dos hombres frente a siete mujeres.

Esta participación concuerda con la división del trabajo por sexos existente en Honduras. Es decir, algunas profesiones, como la de docente de escuela primaria/secundaria, tienen una presencia femenina mucho más alta. Las comunidades religiosas, por el contrario, tienden a ser lideradas más por hombres que por mujeres, y eso se vio representado en el mayor número de hombres que participaron.

> **Para ir reflexionando**
>
> *¿Hasta qué punto el tipo de participante puede influir en los resultados de una investigación?*
>
> *¿Es justo forzar la participación de un tipo de población, a pesar de que su representación no sea significativa?*
>
> *¿Qué mecanismos podemos poner en marcha para aumentar la participación de algunas personas?*
>
> *¿Crees que los roles sociales pueden influir en la mayor o menor participación de los hombres y de las mujeres?*

4. Migración y afectos

4.1 UNA VISIÓN INNOVADORA Y CRÍTICA DE LOS AFECTOS

Marisa, una niña de 10 años, se despertó un día a la misma hora de cada mañana para irse a la escuela. Ella, junto con sus dos hermanas y su mamá, vivía en la casa de la abuela materna. El abuelo había fallecido hacía unos años; había sido pastor en una iglesia anglicana y su familia estaba muy unida. En la casa también vivían su tía y tres primos. Su tío, el hermano de su madre, había emigrado a los Estados Unidos hacía casi un año. Esa mañana fue diferente, cuando le preguntó a su abuelita por su mamá, descubrió que ya no estaba. Supo que se había ido por ella, y no fue hasta unos días más tarde que pudo hablar con su madre directamente... Marisa nos lo contó de esta forma:

E: Cuando tu mami se iba a ir, ¿te lo comentó?

N: Me lo comentó después, porque no sabía si se iba a ir, y después me lo dijo.

E: ¿Tú qué pensaste?

N: Pues me sentí triste, porque ya no la iba a ver y no iba a poder dormir con ella.

La partida de uno o ambos progenitores es un evento impactante para toda la familia. Aunque la atención suele centrarse en la persona que se va, la emigración afecta también a quienes permanecen en el país de origen. Las dinámicas internas de una familia y la estructura de esta – por ejemplo, los modos de relacionarse dentro de ella y los roles que cada miembro ocupa – deben adaptarse a la nueva situación. En la teoría crítica de los afectos (Gregg & Seigworth, 2010), estos son un conjunto de relaciones y construcciones que afirman y transforman la realidad, modifican y se ven modificados por las realidades y contextos que son o llegan a ser relevantes para la persona, como sus relaciones familiares, comunidades, conexiones sociales y culturales, el ámbito político e ideológico, o los medios de comunicación. Por ejemplo, la tristeza que siente y expresa Marisa afecta y se ve afectada por la migración de su madre.

Desde esta perspectiva, los afectos no son reacciones internas a estímulos externos y tampoco son interpretaciones subjetivas vinculadas con las biografías o los deseos personales. Los afectos son manifestaciones, acciones y prácticas de poder, en el sentido de que simultáneamente permiten y limitan ciertas posibilidades. Podemos considerarlos como fuerzas pre-cognitivas, corporales y relacionales que configuran ciertos caminos para el devenir y desarrollo de la persona dentro de sus ámbitos de vida (Braidotti, 2013; Ahmed, 2004). Por todo ello, los afectos están profundamente vinculados a prácticas ontológicas (¿qué es real y relevante en la vida de la persona o comunidad?) y epistemológicas (¿qué conocimientos y sistemas de creación del conocimiento son utilizados y considerados verdaderos o correctos para la persona o comunidad?). En otras palabras, los afectos tienen un fuerte componente social: son el resultado de los discursos sociales y culturales y de las narraciones personales que hacen que este "algo" se convierta en fenomenológicamente presente y real (Gemignani & Burr, 2024). En su dimensión relacional, estas prácticas permiten, habilitan y crean éticas, "preocupaciones", acciones y realidades específicas (Foucault, 1976).

El cambio de enfoque e interpretación de los afectos, no solo como actos individuales, sino también como fuerzas relacionales y contextualizadas, ayuda a comprender mejor y a ampliar conocimientos sobre el impacto de la separación y de la transnacionalidad en la familia. De esta forma, podemos entender los comportamientos y vivencias específicas, como por ejemplo la tristeza de Marisa, como acciones o procesos con una función y un significado para la persona y su entorno. En este ejemplo, la tristeza podría verse como una declaración sobre el compromiso y el cariño hacia la madre o sobre la importancia que la familia tiene para ella (Montes, 2013). Desde dicha perspectiva, los sentimientos que manifiesta un/a menor al separarse de su padre o madre representan la situación de ese momento, reflejan lo que teme perder en un futuro y también lo que quiere/necesita que los otros/as sepan sobre cómo interpreta y vive esa separación.

4.2 CAMBIOS DE ROL E IDENTIDAD

La emigración de un miembro cercano de la familia tiene un impacto en el contexto social y cultural del resto de miembros, así como en las dinámicas, equilibrios y estructuras familiares que definen las construcciones y prácticas de rol dentro o alrededor de la familia transnacional (FTN en adelante). Como ejemplo, una maestra puede sentirse "llamada a" adoptar un rol maternal hacia estudiantes cuya madre ha emigrado, en un proceso de negociación que se desarrolla entre la voluntad personal y los mandatos, o expectativas y discursos sociales (Gergen, 2009).

Cómo nos vemos a nosotros/as mismos/as y cómo nos ven los/as demás en los varios ámbitos de la vida social y cultural, depende en gran parte de las funciones y posiciones que ocupamos o nos vienen atribuidas, tanto en nuestras vidas como en las de los otros. Por ello, los cambios en los roles dentro de entornos significativos de las personas implican generalmente nuevos desarrollos o exploraciones de identidad (Epting, 1984). La partida de uno o ambos progenitores es probable que requiera una cierta reconstrucción de los roles y con ella, de las identidades de rol, dentro de la familia transnacional (Belford & Lahiri-Roy, 2019; Carling et al., 2012; Parke & Cookston, 2021). Por ejemplo, tras la emigración de uno o ambos padres, otros familiares tienen que asumir un rol más central en el cuidado de los o las menores. Ser cuidadores o cuidadoras, como es el caso de nuestras participantes, implica adoptar una responsabilidad que, independientemente del afecto hacia los niños y niñas, tiene también un cierto peso físico y emocional, sobre todo si quien está a cargo es una persona mayor o alguien que no esperaba tener que adoptar ese rol, una hermana mayor, una tía, etc. Los cuidados no se desarrollan solamente en el hogar sino también en otros ámbitos de vida que son importantes para el niño/a o adolescente, como la escuela y los espacios recreativos, deportivos, religiosos o de formación profesional.

Es común que, tras convertirse en una familia transnacional, sus miembros experimenten una sensación de pena y pérdida. Además, es frecuente una cierta desorientación y ansiedad por no poder anticipar cómo evolucionarán sus vidas (Larrinaga-Bidegain et al., 2024). Para las y los menores, que a menudo no saben canalizar sus emociones a través de las palabras, el cuerpo y las reacciones impulsivas suelen tener una presencia más central. Algunas de las reacciones más comunes frente a la emigración de uno o ambos padres son enfado, impotencia y/o rabia. Para los niños/as, sus padres y madres representan el mayor punto de referencia y estabilidad y temen perder esta figura de anclaje emocional, afectiva e identitaria. Además, el/la menor puede temer a el olvido o sentirse solo/a o abandonada/o.

En la línea de la literatura sobre familias transnacionales, los y las menores de nuestro estudio mencionan cuatro principales preocupaciones en relación a la decisión, por parte de uno o ambos progenitores, de irse:

· Qué pasará con ellos/as cuando su padre/madre no esté.

· Cómo seguirán recibiendo el cariño y la protección de sus progenitores y cómo podrán ser buenos hijos/as a pesar de la distancia.

· Qué le ocurriría a ella/él o a la familia si algo malo le sucediera a su madre o padre.

· Cuál será el futuro de su unidad familiar.

La adaptación y el cambio de roles son un proceso constante, que no resulta siempre sencillo. Requiere lidiar con la presión de normas y expectativas sociales, que habitualmente están condicionadas por el género – véase cómo los hombres pueden ser ridiculizados socialmente si adoptan roles tradicionalmente femeninos (Apatinga et al., 2022), o cómo una abuela llamada a convertirse en "madre por segunda vez" puede sentirse insegura y no preparada para enfrentar las demandas de la sociedad contemporánea (Pérez Gañán & Neira Molina, 2017). En esta última situación, las mismas abuelas o tías frecuentemente se dan cuenta de que no pueden simplemente repetir los patrones y hábitos que utilizaron cuando fueron madres por primera vez, y eso puede hacerlas sentir culpables ya que anticipan su posible fracaso y la amenaza de ser invalidadas en su rol e identidad como cuidadoras (Epting, 1984).

Los aspectos culturales, étnicos y religiosos son muy relevantes para entender la culpa y la sensación de abandono o continuidad familiar, tanto en quien se va como en las personas que se quedan. Por ejemplo, los padres y madres en el extranjero suelen experimentar tristeza, pérdida y añoranza, así como "dificultades emocionales y presiones sociales" por haber transgredido las normas culturales de las prácticas de crianza (Molina, 2015, p. 67). Por otro lado, en aquellas familias y sociedades en las que la paternidad transnacional está relativamente normalizada, como Ghana (Dito et al., 2017), o en las sociedades donde el rol de proveedor está fuertemente anclado a la figura del hombre y no a la de la madre, los sentimientos de culpa de los padres tienden a ser más leves (Boccagni, 2012).

Para las mujeres, a las que tradicionalmente se las ha responsabilizado con la crianza de los hijos y con mantener la unidad familiar, esta transformación de rol, de cuidadora a proveedora, puede ser crítica. Resulta frecuente que este momento conlleve que las migrantes se sientan culpables por no haber respetado o validado las expectativas personales y sociales implícitas en su rol e identidad, como la de ser una buena madre – intrínsecamente relacionado con estar presente físicamente – y se sientan ansiosas e impotentes ante la imposibilidad de cuidar a sus hijos/as con la misma eficacia que si estuvieran en su casa (Baldassar, 2015; Boccagni, 2012).

A pesar de los aspectos negativos, las crisis también suponen oportunidades para la reflexión personal y familiar y para nuevos desarrollos. Uno de los hallazgos centrales de nuestra investigación ha sido que la transnacionalidad abre posibilidades en las construcciones y configuraciones de una familia. Como los roles y estructuras que han sido tradicionalmente vividos, descritos y deseados como parte del imaginario social sobre la familia resultan difícilmente sostenibles en las FTN, cuando no imposibles (Veale & Andres, 2020). La transnacionalidad puede representar y sugerir un amplio cambio cultural e histórico acerca de la universalidad y estandarización absoluta de los modelos familiares tradicionales. Implícitamente, las FTN apuntan hacia otras formas viables de estructuras en las que las familias pueden existir (Larrinaga-Bidegain et al., 2024). En nuestro estudio hemos comprobado cómo los cuidados, por ejemplo, encuentran nuevas formas de manifestarse y de continuar, a pesar de la distancia y de la separación. Así lo narraba una de las cuidadoras (C#11), que era abuela:

> *Ella (la madre de los nietos e hija de la cuidadora) por veces me llama y está llorando. Dice que está desesperada y que a ella le hace falta ver a sus niños, que quiere estar abrazando, y que quiere abrazar a su mamá, que se siente tan lejos. (…) Pues ahí estoy yo. A veces me pongo a llorar con ella y a veces no, me hago la fuertona; me quedo callada escuchándola. Luego que se me pasa lo que siento, empiezo aconsejarla a decirle que se tranquilice, que sus hijos están bien.*

4.3 LA DECISIÓN DE MIGRAR: UN ACTO PERSONAL Y RELACIONAL

Es probable que la decisión parental de emigrar sea motivo de preocupación. En ese momento puede considerarse que el proceso migratorio ya ha comenzado, no geográficamente, sino afectivamente y, por lo tanto, relacionalmente. Quizás por la percepción de que emigrar es un proceso afectivo que impacta a los seres queridos, los participantes de nuestra investigación, sobre todo las cuidadoras, recalcaron que la decisión de emigrar a menudo se toma de forma individual y privada, como si fuera exclusivamente una iniciativa personal de quien se va. Es aparentemente paradójico que esto ocurra, ya que las razones de la migración casi nunca son puramente individuales. Por ejemplo, el afán de dar un futuro mejor a la familia es una narración y justificación muy común para emigrar (Sternberg & Barry, 2011).

A pesar de la clara dependencia de quien se marcha hacia quien se hace cargo de sus hijos/as, muchos/as optan por no compartir su intención de marcharse hasta que la decisión ya ha sido tomada. La falta de comunicación, negociación y claridad en algunos mensajes contribuye a generar o acentuar una cierta desconfianza, sobre todo en relación con las definiciones de los roles, las expectativas y las responsabilidades que implica cuidar a los/as menores y no poder contar con la presencia física del padre, madre o ambos (López Montaño, 2011; Parella Rubio, 2012).

Las cuidadoras que participaron en nuestra investigación subrayaron que habría sido valioso para ellas estar incluidas de forma activa en la decisión que tomaron sus seres queridos de irse. Aunque no se oponían a la decisión, sí que expresaban su desconcierto ante lo inesperado que fue recibir la noticia. Sentían que tendrían que haber sido consultadas sobre el plan, para poder anticipar con más tiempo los cambios en la gestión del hogar, así como poder expresar sus temores frente al futuro familiar. Por ejemplo, se arrepintieron de no haber acordado de forma más clara sus tareas y las expectativas relativas al cuidado de las/os menores.

Fuera del contexto familiar, los/as líderes religiosos dijeron que las pocas veces en que venían informados de la inminente partida de un miembro de su comunidad, intentaban formar una red de apoyo y ayuda brindándoles consejos útiles e información práctica sobre la ruta migratoria. Según relataron, ellas y ellos mismos tranquilizaban al padre o madre con el compromiso de hacer un seguimiento a la familia que quedaba, sobre todo en el caso de los/as menores, asegurándose de que fueran a la iglesia y siguieran participando en la comunidad, pero esto es algo que raramente ocurre. Con la excepción de una psicóloga a la que sí que le habían llegado casos de familias en las que el padre o la madre planeaban migrar, el resto de los/las profesionales confirmaron que, por lo general, quienes se van recelan de compartir la decisión con otras personas; si lo hacen es solo con las más allegadas y ya muy al final del proceso (Sternberg & Barry, 2011).

A veces, las emociones de los padres y madres son tan intensas que, como confirmaron varias cuidadoras, prefieren irse sin informar a sus hijos/as. La falta de despedida por parte del familiar emigrado supone un dolor añadido a quienes se quedan en el país de origen y reciben la noticia de un día para otro, y una responsabilidad importante para estas cuidadoras que son quienes comunican la situación a las/los menores. Las madres y padres toman muchas precauciones ya que, generalmente, el viaje migratorio es peligroso y por vías no autorizadas, por lo que se preocupan por las repercusiones legales y sociales de su desplazamiento. En algunos casos, los progenitores no informan de su decisión porque, en su comunidad, la migración se juzga negativamente. Por ejemplo, los participantes nos contaron que, a veces, los migrantes son vistos como "buscavidas" y que no dicen abiertamente que se van para evitar sentirse avergonzados y fracasados si fueran deportados y devueltos a su país de origen.

En nuestra investigación, los participantes recalcaron repetidamente que, aunque la separación de los progenitores es inevitablemente dura para los y las menores, si comprenden por qué se fueron, tienen menos probabilidades de sentirse responsables de la partida. En lugar de culparse a sí mismos/as, si entienden las razones de su marcha pueden interpretarla como algo inmanente al contexto socioeconómico y enmarcarla dentro de un proyecto común para el bienestar da la familia (Hernández-Albújar et al., 2024; Larrinaga-Bidegain et al, 2025).

4.4 LA DESPEDIDA

La despedida es un momento clave de cualquier relación afectiva, en la que se deja algo atrás y se prepara el terreno para lo que vendrá después. Cierra una fase de la vida y nos acerca a otra de diferente configuración. En cuanto al encuentro entre personas, una despedida permite poner palabras a nuestras emociones (Weller, 2015).

La emigración está cargada de afectos y, por lo tanto, las relaciones están en el centro de dicho momento y proceso. La comunicación clara y sincera con (y no solamente hacia) los seres queridos es fundamental para compartir las emociones de duelo, perdida y culpabilidad, que están presentes tanto para quien se queda como para quien se va. En este sentido, despedirnos es fundamental para entender la separación, prevenir la rabia y elaborar y compartir la sensación de culpabilidad que, de una forma u otra, todos los miembros de la familia viven. Estas emociones aumentan cuando las personas no tienen la oportunidad de decir adiós porque no despedirse cierra estos afectos en la interioridad, convirtiéndolos en carga y tristeza, y rompe la continuidad entre lo que había antes, lo que hay ahora y lo que vendrá.

Aunque la salida del país sea inevitable, es importante reflexionar sobre la despedida, planteando su desarrollo y expresión, tanto verbal como no verbal, por ejemplo, a través de objetos o de comunicaciones corporales. La despedida, además, no es un momento único, ya que, a lo largo de la migración hay y habrá varios momentos para decir adiós y para generar lazos de continuidad más allá de las fronteras físicas y de la separación. Por lo tanto, dicho proceso puede desarrollarse incluso si el familiar ya se encuentra fuera de su país de origen.

Debido a su relevancia psicológica y social, es importante que la preparación y comunicación de la despedida se dé sin prisa y con los tiempos necesarios para procesar la información y anticipar emociones y reacciones. Es de suma importancia comprender el duelo, la pérdida, el miedo y el enfado, así como las esperanzas de los familiares. Compartir las emociones es una forma de generar intimidad y cercanía. Así, hablar del duelo, explicarles a las y los menores por qué sus padres/madres van y establecer pautas y rutinas realistas para los futuros contactos son mensajes que aseguran a el/la menor que, de alguna manera, la familia seguirá unida a pesar de la distancia y del profundo cambio en la estructura y dinámicas familiares.

Es común que los padres y madres digan que se van para mejorar la vida de sus hijos/as, lo que la socióloga Cienfuegos Illanes clasifica como un ejercicio "casi heroico" de maternidad responsable (2010, p. 211). Esta narrativa, en contraposición a la dominante en algunas esferas sociales de "abandono" puede ayudar a los progenitores transnacionales a dar sentido a su decisión de marcharse y llevar mejor su dolor y lucha como un mal necesario (Dito et al., 2017). La migración como sacrificio es un discurso que, aunque resulta eficaz y reparador en algunos momentos, conlleva varios inconvenientes: primero, existe el riesgo de que los hijos/as interpreten que ellos/as son la causa de la separación, lo que les podría generar sentimientos de culpabilidad y "deuda" hacia la persona emigrada. Segundo, subyacente a la idea de la migración para la mejora de la familia, podría consolidarse la percepción de que solo se consigue un futuro mejor yéndose del país, lo que podría generar un cierto desinterés en los y las menores en la participación activa en su entorno socioeconómico, educativo y relacional inmediato. Finalmente, otro de los riesgos implícitos en esta narración de la emigración como sacrificio es que, para el bienestar de los hijos/as y familiares, las personas emigradas pueden normalizar o justificar la adopción de roles, tareas y prácticas que podrían socavar su propio bienestar, incluyendo derechos básicos (Bruhn & Oliveira, 2022; Redmond & Martin, 2023). De esta forma, la discriminación y el abuso podrían llegar a verse como consecuencias inherentes a la migración (Apatinga et al., 2022).

4.5 EL DUELO MIGRATORIO

El duelo y la sensación de pérdida en las FTN son temas centrales, aunque relativamente poco estudiados, en el campo de las migraciones. Muy a menudo, estas emociones se relacionan con la anticipación de que la partida conllevará un cambio inminente y significativo en sus identidades y roles. Los y las menores, pueden preguntarse: "¿quién soy o llegaré a ser para esta persona importante en mi vida y de la cual ahora me estoy separando físicamente?". Estas sensaciones de pérdida y las anticipaciones de que la vida, identidad y relaciones de una persona cambiarán tras la migración son simultáneamente internas, relacionales y sociales (Renner et al., 2024).

Las madres y padres transnacionales pueden sentir el impulso de compensar la crítica social percibida del "abandono" con demostraciones constantes de su cuidado, por ejemplo, a través de remesas, regalos, cartas, comunicaciones en redes sociales, fotografías y vídeos compartidos (Ambrosini, 2015; Boccagni, 2012; Bonizzoni, 2012; Telve, 2019). Llevadas al extremo, estas prácticas de cuidado a distancia pueden convertirse en lo que la literatura llama "maternidad intensiva" (Salazar Parreñas, 2005a, p. 262) e "hipermaternalismo transnacional" (Tungohan, 2013, p. 41), como las prácticas de vigilancia continua. A menudo, los padres y las madres intentan suavizar la noticia de su partida con la promesa de regalos materiales. Aunque esto es comprensible y puede parecer útil a primera vista, no se puede pensar que las emociones del o de la menor (sus miedos, ansiedades, tristezas, etc.) desaparezcan con regalos o dinero.

Para los/as familiares que se quedan, la separación es vivida como una mezcla de pena por la pérdida de la persona emigrada y esperanza por aquello que este paso doloroso puede aportar al futuro de la familia. Existe el riesgo de que los menores se sientan abandonados/as, tristes o desorientados/as, y que manifiesten estas emociones a través de apegos inseguros o ansiedades (Mazzucato & Schans, 2011). Los/las menores sufren especialmente cuando hay falta de estabilidad familiar y cuidado afectivo (Dreby, 2010; Salazar Parreñas, 2006), lo que hace que los familiares se pregunten si hubieran podido hacer algo para mantener la familia unida. Aunque las respuestas a esta pregunta pueden derivar en un sentimiento de culpa, frecuentemente chocan con los problemas y desigualdades estructurales de la sociedad, como la pobreza o la corrupción, que restan esperanza al deseo de alcanzar una mejor significativa de las condiciones de vida.

El proceso de duelo es complejo y se basa en las idiosincrasias de cada familia, comunidad, cultura y etnia. Por lo tanto, cada núcleo familiar necesitará encontrar y negociar formas de expresar sus vínculos a través de prácticas de cuidado específicas, como reuniones regulares por teléfono o video y la búsqueda de nuevas formas con las que lograr mantener sus tradiciones. Un paso central en el procesamiento del duelo es reconocer la presencia de la pena relacionada con la separación y pérdida. Este dolor es una demostración del afecto y apego que los familiares sienten hacia quien se ha ido, y viceversa. Es difícil hablar de esta tristeza y, a menudo, para protegernos de ella, preferimos ignorarla en vez de reconocer que dicho dolor es importante y valioso porque habla de quienes somos y de aquello que valoramos en nuestras vidas. Por ejemplo, en nuestro estudio, probablemente como forma de autoprotección y como consecuencia de estar en un grupo con personas desconocidas, las cuidadoras reaccionaron rápidamente frente a su dolor, racionalizándolo. Justificaron su pena como inevitable para poder conseguir los objetivos de la emigración y también hablaron del orgullo de tener un familiar en un país rico del Norte Global y del mayor sentido de agencia y eficacia que conlleva el aumento de su estatus social y económico (Liu & Erwin, 2015).

En lugar de ocultar los sentimientos de dolor, abandono, decepción y culpa, es importante entender que – como recalca la teoría crítica de los afectos – estas emociones son, sobre todo, relacionales y como tales, se deben trabajar a nivel personal y también dentro de la familia tanto antes como después de la partida de un ser querido. El proceso de describir y reconocer las emociones, las propias y las de los otros ayuda a dar sentido al duelo en cuanto que afirma y fortalece los compromisos y vínculos mutuos entre familiares. Escuchar con empatía los sentimientos, propios y ajenos, y atenderlos, estando con ellos sin afán de querer cambiarlos, corregirlos o esconderlos, contribuirá a la elaboración del duelo y a generar la intimidad y el cuidado que las personas temen perder a causa de la transnacionalidad. En otras palabras, las comunicaciones de este tipo transmiten el mensaje fundamental de que la familia sigue unida y solidaria, a pesar de la distancia geográfica.

El duelo migratorio involucra también a las cuidadoras cuando los menores que han atendido por mucho tiempo finalmente se reúnen con sus padres en el extranjero. La sensación de soledad de estas mujeres se acentúa cuando ellas no forman parte de la decisión de la reunificación, lo cual hace que su pérdida de rol sea, además, fuente de una sensación de impotencia y desempoderamiento. Dicha pérdida y los sentimientos de abandono, aislamiento y soledad son recurrentes en los relatos de las abuelas que, tras haber ejercido en el país de origen un papel central en la familia, son despojadas de él cuando los familiares se reunifican en el país de destino mientras ellas se quedan en el de origen. Las cuidadoras sufren las consecuencias directas de una frontera tanto geopolítica como social que obstaculiza la convivencia entre las diferentes generaciones de la familia (Redmond & Martin, 2023).

4.6 LA IMPORTANCIA DEL GÉNERO EN LAS DINÁMICAS Y CAMBIOS EN LAS FTN

El género es un elemento muy significativo para entender las narraciones, descripciones y comunicaciones en las FTN. Por ello, resulta importante que tanto los familiares como los profesionales entiendan que lo que se espera de cada uno está determinado, entre otras cosas, por los roles de género dentro de la propia familia. Por un lado, muchas madres entienden el hecho de dejar a sus hijos en su país de origen como una forma de evitarles el peligro del viaje migratorio y las dificultades del asentamiento, al tiempo que se centran en mejorar el bienestar familiar y las oportunidades futuras. Por otro, los estereotipos dominantes de la maternidad establecen expectativas tradicionales sobre la crianza y educación de la prole (Bruhn & Oliveira, 2022; Micolta León & García Vásquez, 2011). Los ideales de buena madre son fuentes de ansiedad y tensiones emocionales (Ambrosini, 2015; Molina, 2015) entre, por un lado, la necesidad, el deseo y el orgullo de proveer a su familia y, por otro, sus experiencias de distanciamiento, agonía, angustia, soledad, abandono, pérdida y culpa por haber dejado a sus hijos (Boccagni, 2012; Bonizzoni, 2012; Cienfuegos Illanes, 2010; Gao & Sacchetto, 2023; Horton, 2009; McCallum, 2019; Phoenix, 2011; Salazar Parreñas, 2008; Sternberg & Barry, 2011).

Especialmente para las madres, "esta relación desequilibrada y a la vez crucial entre responsabilidades y prácticas de cuidado se traduce a menudo en sentimientos de dolor, ansiedad, presiones económicas e inadecuación, especialmente hacia los miembros dependientes de la familia" (Parella Rubio, 2007, p. 172). Las palabras de una participante en el estudio de Tungohan (2013, p. 45) son un testimonio conmovedor de esta carga emocional: "Soy una mala madre si me voy, pero una madre aún peor si me quedo".

En el país o cultura de destino, los padres aprenden y en parte adoptan nuevas tradiciones culturales sobre el ser madre o padre. Dicho proceso resulta enriquecedor, aunque puede conllevar negociaciones familiares que a menudo son intensas y desafiantes, ya que es posible que requieran el abandono de los marcos de referencia anteriores y la adopción de otros nuevos (Boccagni, 2012; McCallum, 2019).

4.7 LA EMIGRACIÓN PARENTAL COMO PROYECTO FAMILIAR

Aún más significativo para la dinámica familiar es ubicar la partida de los padres y madres dentro de un proyecto migratorio que pertenece a toda la familia como parte del camino hacia un futuro común (Dito et al., 2017). En nuestro estudio observamos que el cuidado y la unidad familiar pueden mejorarse si la interpretación de la transnacionalidad pasa de ser una cuestión de separación a ser parte de un proyecto familiar compartido, no individual, hacia un futuro mejor. Este proyecto puede ser doloroso, triste y solitario, pero también emocionante, aventurero y poco convencional (Dito et al., 2017).

Este cambio de perspectiva sobre la emigración parental permite gestionar en parte los sentimientos de tristeza, enfado y culpa, tanto en quien se va como en quien se queda (Baldassar, 2015; Bruhn & Oliveira, 2022; Larrinaga-Bidegain et al., 2024). Además, permite dejar atrás visiones conservadoras y anticuadas que entienden las FTN como familias "rotas" o deficientes, a los progenitores como culpables por haber privado emocionalmente a sus hijos (Ambrosini, 2015) y a los/as menores como niños y niñas que han sido abandonados/as o que no son queridos/as. Dichas expresiones y construcciones sociales contribuyen al sentido de culpabilidad y tristeza de los familiares. Sobre todo, son las mujeres quienes se sienten injustamente criticadas por su ausencia o por "olvidar que ellas son las madres" (Boccagni, 2012, p. 266), cuando su emigración es en realidad un acto de cuidado hacia su familia (McCallum, 2019).

4.8 LECCIONES APRENDIDAS

Es fundamental escuchar y hablar desde la seguridad del hogar y la confianza de la familia sobre las razones de la emigración, las preocupaciones y los planes de futuro. Fomentar el diálogo dentro de la familia suele ser útil para asegurar que esta permanecerá unida y que los padres, hijos y cuidadores seguirán presentes los unos para los otros, aunque sea de forma digital o por teléfono. Para algunos de nuestros participantes, la emigración de uno o ambos padres llegó incluso a ser fuente de satisfacción y orgullo por el reconocido esfuerzo y trabajo que veían en ellos.

Las y los participantes señalaron que estos intercambios entre familiares no tienen como objetivo prevenir o contrarrestar la partida de los padres, sino reconocer y comprender los afectos, emociones y preocupaciones de cada miembro, incluidas las razones y esperanzas vinculadas a esta emigración. Estas conversaciones pueden verse como estrategias para encontrar un equilibrio entre su ausencia física y la responsabilidad de la seguridad económica, social o política y el bienestar emocional de sus hijos en el país de origen.

Aunque la comunicación de intención o decisión de emigrar sea difícil y pueda provocar fuertes reacciones emocionales, los padres deberían evitar considerar su partida como un acontecimiento y decisión privados. Esta comunicación y diálogo no solamente van dirigidos a los familiares, sino también a los otros miembros de la comunidad que pueden jugar un rol significativo en el bienestar y en el modo de ver la vida de los menores. Por ejemplo, los/las maestras y líderes espirituales que participaron en nuestro estudio subrayaron que conocer la partida de los padres y madres con antelación les permitiría estar más cerca de los hijos y comprender mejor sus comportamientos y afectos. Es especialmente útil que quienes tienen planeado emigrar o han emigrado expliquen y justifiquen a sus hijos e hijas, incluso a la familia extensa por qué emigraron en solitario. El diálogo permite que los familiares y otros actores sociales puedan apoyarse mutuamente en el proceso de elaboración de estrategias prácticas para mantener lazos sólidos tanto con la familia como con aquellos entornos comunitarios e institucionales cercanos y pertinentes (McCallum, 2019; Peng & Wong, 2016).

Todos los/las profesionales que entrevistamos señalaron su potencial como mediadores en el triángulo de los niños/as, las cuidadoras y los padres/madres emigrados. Además, ya que los/as educadores/as, psicólogos/as comunitarios y líderes espirituales suelen estar en primera línea para identificar e intervenir en las necesidades de los/as miembros de la FTN, estos/as profesionales pueden vincular a los miembros de la familia con los servicios humanitarios, y con los programas gubernamentales de asistencia necesarios. Además, los y las profesionales, en sus varias disciplinas y ámbitos de acción, tienen una función fundamental de divulgación y educación social y comunitaria. Desde sus áreas pueden promover la aceptación y comprensión hacia estas familias y compartir con la comunidad que, si bien las FTN no son iguales a las familias tradicionales, pueden ser igualmente funcionales y significativas. Este mensaje contribuye a disminuir las percepciones negativas que la gente puede tener sobre estas familias y puede neutralizar la estigmatización de las FTN y de las personas migrantes que viajan sin sus hijos/as. Sin lugar a duda, los y las profesionales que adoptan una actitud más abierta a otras posibilidades de familia podrán realizar intervenciones más eficaces y beneficiosas.

Resignificar la separación geográfica no como un abandono, bien sí como parte de un proyecto familiar compartido es un proceso laborioso que necesita de estrategias. Un paso es construir espacios seguros donde los miembros puedan expresarse libremente acerca de su situación y emociones. Si bien esta fase por sí sola no puede resolver los problemas ni hacer desaparecer los resentimientos, sí que puede crear momentos de reflexión. El mensaje de base sobre el que se debe forjar la relación entre el/la profesional y la familia transnacional y entre sus distintos miembros es que el cuidado y la unidad podrán mantenerse a pesar de la distancia geográfica.

Si se considerase oportuno, estos encuentros podrían realizarse con una figura de confianza de la comunidad o con un educador/a, consejero/a o psicólogo/a, cuyo papel sería el de mediar en la comprensión mutua y el intercambio de emociones como el miedo y la culpa. Trabajando desde una perspectiva centrada en la familia, los y las profesionales pueden facilitar las interacciones y conversaciones entre los miembros de la FTN en el país de origen, entre ellos y los que están en el extranjero, y con las instituciones, por ejemplo, a través de reuniones grupales o familiares entre padres, cuidadores y maestros. Esta perspectiva ayuda a mover el foco de atención de aquello que una familia debería ser (acentuando la ausencia o la pérdida), a lo que puede llegar a ser (destacando las posibilidades y oportunidades).

Para ir reflexionando

¿En qué medida las percepciones sociales negativas sobre la separación afectan a las familias transnacionales en su día a día?

¿En qué grado consideras que usar un lenguaje tendencialmente negativo como: familias rotas, desestructuradas o menores abandonados/as, puede perpetuar estos estereotipos?

¿Qué puede hacer el o la profesional, incluyendo el o la investigadora, para neutralizar algunas tendencias dominantes?

¿Cómo se pueden construir espacios de comunicación positiva? ¿Se te ocurre alguna estrategia para facilitar dicha comunicación?

---

5. Acuerdos familiares y responsabilidades compartidas

Antonio es maestro y director en un centro educativo al que asisten varios niños y niñas de familias transnacionales. En su experiencia, el mayor reto que afrontan las escuelas es la falta de información sobre la situación familiar, la cual no se da a conocer a no ser que haya surgido algún problema con el/la menor. Llegado ese caso, los/as docentes tienen dificultad para entender quién es el tutor legal del niño o niña, ya que las familias realizan acuerdos informales y no dejan documentación oficial. Antonio afirma que, aunque muchos se quedan con sus abuelas maternas, en otras ocasiones no es así, el/la menor pasa de casa en casa, de familiar en familiar, lo que obstaculiza la comunicación escuela-familia e identificar quién es la persona a cargo de darle estructura y estabilidad. Otra problemática que han identificado es que hay menores que manejan sumas de dinero o tecnología inapropiadas para su edad y muy superior a la del resto de sus compañeros/as. En su opinión, algunas familias gestionan las remesas de forma inconsistente y desordenada, sin pensar a largo plazo, en un intento de suplir con regalos la ausencia de la persona querida.

Cuando se trata de la armonía y la solidaridad familiar, algunos autores/as han identificado que la transnacionalidad puede estrechar los lazos emocionales cuando sus miembros reconocen el sacrificio del progenitor o progenitores que emigran para la mejora socioeconómica de la familia y cuando hay un deseo de estar juntos/as incluso por encima de esta mejora (Fuller-Iglesias, 2015; López Montaño, 2011). Sin embargo, en la mayoría de los casos, este reconocimiento y deuda emocional convive con un cierto sentimiento de distanciamiento afectivo que las familias tienen que navegar a lo largo de toda la experiencia. Si bien es difícil determinar un único origen o desencadenante del desapego, de nuestras conversaciones con las familias y las/los profesionales, destacamos cinco situaciones que interpretamos como particularmente relevantes:

· La progresiva disminución de experiencias compartidas significativas entre las personas que migraron y aquellas que se quedaron.

- Falta de certezas acerca del futuro.

- El aumento de las disonancias culturales entre las personas que se van y las que se quedan, provocadas bien por cambios generacionales o por exposición a nuevos modelos sociales.

- Expectativas poco realistas y en muchos casos incumplidas sobre el aumento y la distribución de las remesas en el seno de la familia.

- Falta de acuerdos claros y sostenibles con respecto a las responsabilidades de cada miembro del núcleo familiar, en particular con respecto a los/las menores.

Aunque no son los únicos factores y no necesariamente se presentan al mismo tiempo en todas las familias que expresan distanciamiento, estos son los cinco desafíos más frecuentes a los que las familias y los profesionales hacen referencia al hablar de la separación causada por la migración del padre, de la madre, o de ambos. Estos se combinan entre ellos de forma diversa o aparecen con mayor o menor intensidad según cada familia y su situación. Por ejemplo, la solidez, cohesión y equilibrio previos a la migración de los que una familia goza o carece pueden ser elementos determinantes, así como las estrategias que usan los varios miembros o las herramientas a su disposición para superar su efecto en las relaciones familiares. Atendiendo a la narrativa que hemos presentado de Antonio, en este capítulo vamos a fijarnos en la gestión de las remesas y los acuerdos familiares.

5.1 LA GESTIÓN DE LAS REMESAS

Si bien no es la única causa, la mejora económica tanto personal como familiar es un motivo considerable por el que muchas personas deciden migrar, sobre todo si la marcha conlleva la separación prolongada de los hijos/as. Como se ha mencionado al inicio de este volumen, Honduras es uno de los países de Latinoamérica que recibe más remesas en proporción a su PIB. En su dimensión estrictamente material, no hay duda de que las remesas tienen un efecto positivo en la economía familiar: además de aumentar su poder adquisitivo, permiten la diversificación de los recursos y aseguran ingresos aún en tiempos de recesión económica o de volatilidad de los mercados (Della Puppa & Ambrosini, 2021). Asimismo, las remesas tienen connotaciones que transcienden la mera transacción financiera; también se pueden interpretar como una forma de compensación o justificación de la ausencia, por lo que podemos afirmar que poseen una carga considerable de significados sociales y culturales que entretejen y determinan las relaciones más íntimas.

Basándonos en nuestras entrevistas y en la literatura especializada, el aspecto socioemocional de las remesas es bidireccional. Por un lado, se manifiestan como una forma de cuidado basada, principalmente, en el compromiso y la responsabilidad de la persona que se va hacia aquellas que se quedan (Carling, 2014; Paerregaard, 2015). Por otro lado, pueden asegurar cierta lealtad y apego de la persona que las recibe hacia la persona que las envía. En cualquiera de los dos casos, las remesas contribuyen a construir nexos entre todos los miembros implicados, reforzar el sentido de pertenencia a una misma unidad familiar y a dar continuidad al proyecto común.

La función psicológica de las remesas como demostraciones del cuidado parental "depende directamente de la clase social de pertenencia y del tipo de proyecto migratorio" de los padres (Parella Rubio, 2007, p. 180). Con esta premisa, es importante tener en cuenta el ciclo vital en el que se encuentra la familia en cada período, ya que es una variable clave a la hora de determinar la frecuencia y la cantidad de las remesas. Por tanto, podemos inferir que el compromiso de los padres y madres que se van hacia los hijos/as que se quedan es alto, en especial cuando estos son menores y/o dependientes. En esta línea, las remesas (por ej., dinero o regalos) tienen un enorme valor psicológico y social para quienes las envían. Pueden ser una estrategia de cuidado que justifica, en cierta medida, el dolor generado por su ausencia. En muchos casos se convierte en una demostración del afecto o cariño que los que se han ido tienen hacia los que se han quedado.

Aunque las afirmaciones precedentes son correctas y el beneficio general que suponen dichas remesas es innegable, estas también pueden causar tensiones. Como ponía de manifiesto la narración de Antonio al inicio de este capítulo, observamos que la mayoría de las y los profesionales que entrevistamos, incluyendo psicólogas y líderes religiosos, coincidían en que las remesas, cuando se usan de forma incorrecta, tienen efectos contraproducentes en los menores, incluso pueden ser objeto de disputas intrafamiliares. Basándonos en la experiencia de los y las profesionales participantes (maestros/as, psicólogas, líderes religiosos/as), una familia poco habituada a manejar altas cantidades de dinero puede caer en tres errores:

- Derroche: Cuando el dinero que se recibe se gasta en objetos o cosas que, o bien no son estrictamente necesarios, o bien cubren solo un uso inmediato con poca proyección de futuro a medio o largo plazo.

- Alardeo: Cuando se usa el dinero y objetos como forma básica de distinción social y aumento de estatus, lo que puede provocar un cierto rechazo en personas cercanas.

- Sustitución: Cuando se envían remesas en un intento de algunos padres y madres de reemplazar su ausencia con regalos para sus hijos e hijas, dejando en segundo plano otros aspectos emocionales.

Con respecto al último punto, seguramente el más enfatizado durante las entrevistas y los grupos focales, Ana, una de las psicólogas, afirmaba:

> Los padres que se van quieren bombardear a sus hijos con cosas materiales para llenar ese tal vez vacío o esa lejanía, pensando que eso va a reemplazar tal vez un abrazo. Sin embargo, lo que los niños más necesitan son palabras positivas que les hagan sentir queridos.

El uso de las remesas como sustitución aparecía más intensamente en los relatos cuando la persona entrevistada hacía referencia a la madre. Es decir, la sustitución del cariño por regalos era más enfatizada cuando era la madre la persona emigrada y no el padre. Este factor pone de manifiesto el estereotipo de género persistente en la sociedad hondureña que aún entiende a la mujer como la principal cuidadora, obviando su papel de proveedora económica. Así lo expresaba una de las maestras (M#6) que entrevistamos:

> *Cuando se va la madre, es cuando más se ve el sufrimiento de los niños (...) de repente los padres están ocupados en otras cosas o por la cultura nuestra ellos no se esfuerzan por involucrarse en el proceso educativo ni en la formación de valores, entonces de repente toda esta carga nos toca a las madres [por eso] cuando se va el papá no se nota mucho, no repercute mucho, pero cuando se va la mamá se nota más el sufrimiento y los problemas de los niños.*

En el caso de los familiares que reciben estas cantidades de dinero, la variabilidad era muy alta. Aunque todas las familias participantes obtenían algún tipo de ayuda económica desde fuera, la frecuencia y la cantidad no seguían un único modelo, pudiendo variar de familia a familia, pero también de período a período dentro del mismo núcleo familiar. Algunas abuelas percibían periódicamente dinero, mientras que otras solo cuando lo solicitaban y no siempre lo recibían. En la literatura hemos observado que las personas cuidadoras temen dejar de recibir ayuda cuando sus nietos/as crezcan, o si los padres y madres regresan o fundan una nueva familia en la sociedad de acogida (López Montaño, 2011).

Aun así, es importante destacar que, desde su perspectiva, ninguna de las cuidadoras entendía el dinero que recibía como un sustituto de la persona ausente y de su cariño, bien sí como la razón de la ausencia, incluso su justificación. Durante los grupos focales, el tema del dinero antecedía discusiones sobre el sacrificio hecho por la persona en el extranjero para poder enviarlo. Tampoco mencionaron malgasto o alardeo, aunque sí expresaron falta de control o incertidumbre.

En general, es complejo establecer patrones de conducta y motivaciones para el envío o la suspensión de las remesas, o para el uso que se hace de ellas. Igualmente, es difícil establecer, cuándo, por qué y en qué modo las remesas se entrelazan con las dinámicas de poder intrafamiliares. En ciertos casos, las remesas se convierten en una forma de control del padre y/o madre en el extranjero hacia los/as hijos/as o cuidadores/as en el país de origen, sobre todo si estos dependen de ellas. Por ejemplo, un padre o madre puede decirle a su hijo/a que, si suspende en la escuela o no se porta bien en casa, no va a recibir un regalo o una cierta cantidad de dinero.

Aunque es comprensible percibir a la persona emisora de las remesas como la que tiene el control de la situación, también puede suceder que dicho esquema de poder se entienda al contrario. En la literatura hemos identificado casos en los que las propias personas emigrantes son las que manifiestan frustración y angustia ante la obligación de mandar dinero a sus familiares, independientemente de la situación laboral por la que estén pasando en el país de acogida (Paerregaard, 2015). Por eso, los juegos de poder o jerarquías establecidas a través del envío de remesas son complejos y multifactoriales: si por un lado, pueden causar cierta dependencia económica y aumentar la falta de control en la familia que se queda, también pueden resultar una fuente de estrés para la persona con la responsabilidad de mandarlas.

Dichas dinámicas de premios, castigos, deberes e imposiciones se convierten en problemáticas si los acuerdos no son claros o si el envío y la gestión de bienes materiales (dinero o regalos) no es transparente. Es fundamental que se hable de estos aspectos materiales en las familias, incluso antes de la emigración. Esto es particularmente cierto cuando la cuestión financiera es la motivación principal para la migración. Aunque no sea posible establecer la cantidad de dinero a enviar, sí que pueden existir pactos bien precisos sobre las prioridades de su uso.

A nivel psicosocial, negociar y establecer conjuntamente expectativas realistas sobre la economía familiar puede mitigar la presión sobre quien manda el dinero y la decepción de quien lo recibe. Que la decisión la tomen colectivamente la persona migrante, la cuidadora o cuidador principal y el/la menor, cuando sea posible, es fundamental . Esto ayuda a transformar las remesas de una mera transacción económica en un proyecto familiar conjunto y consensuado de crecimiento y beneficio mutuo. Por eso, el diálogo sobre las remesas tiene que estar abierto a posibles cambios capaces de ajustarse a las varias circunstancias de cada momento y de cada miembro.

5.2 ACUERDOS SOBRE LAS RESPONSABILIDADES DEL CUIDADO

Continuando con la importancia de los acuerdos y de la comunicación sobre las expectativas y las transformaciones, hemos considerado necesario dedicar una sección exclusivamente a la responsabilidad del cuidado, en el caso de nuestra investigación, del niño o niña que queda en el país de origen. Por supuesto, el uso de las remesas forma parte de este cuidado, pero contrariamente a la creencia más extendida, en los encuentros que mantuvimos con familias y profesionales, establecer de forma clara quién es la persona que queda a cargo como responsable principal del o la menor es una medida organizativa fundamental en el día a día de una familia y de sus interacciones. Esta tarea abarca numerosas áreas, desde el manejo del tiempo (por ej., la hora de regreso a casa por la tarde o noche), las relaciones con la escuela o centro educativo (por ej., quién acude a las citas/reuniones de clase o hace el seguimiento del progreso escolar con el personal docente), los cuidados de salud (por ej., quién lleva al/la menor a las visitas pediátricas o autoriza para ciertos tratamientos médicos) y, como se ha mencionado en la sección anterior, la gestión del dinero (por ej. qué parte de las remesas se pone a disposición personal del o la menor, qué parte se dedica al ahorro, etc.).

Confiar en la capacidad de las cuidadoras para atender a los hijos/as contribuye significativamente a la serenidad y el bienestar del padre/madre que está en el extranjero (Sternberg & Barry, 2011). Por ello, es de suponer que, en la gran mayoría de los casos, la persona que emigra intenta dejarles a cargo con una persona de confianza. Este es el caso que nos hemos encontrado durante nuestra investigación y a lo largo de nuestro trabajo etnográfico. Existen estrategias para aumentar la confianza, y elaborar acuerdos que permitan prever posibles dificultades y adaptarse a las diferentes circunstancias es una de ellas. El tema de los acuerdos apareció de forma indirecta tanto en las narrativas de las cuidadoras como en las de los y las profesionales, aunque para las primeras era una cuestión más simbólica de reafirmar su autoridad en el hogar, para las y los profesionales era una cuestión más logística de disciplina ante algunos comportamientos e incluso de responsabilidad legal.

Las cuidadoras hicieron pocas referencias a este tema. Aunque no descartamos que pudiera estar presente, no parecía el más destacado ni problemático a nivel logístico en su día a día. Para las cuidadoras estaba claro que ellas eran las personas responsables y no tenían dudas sobre sus obligaciones, aunque agradecían que el padre/madre que se encontraba en el extranjero constatara su autoridad en los momentos necesarios, por ejemplo, cuando tenían desacuerdos o conflictos importantes con el/la menor. En todos los casos, las cuidadoras afirmaban que, al informar de la situación tensa, el padre o madre solicitaba a sus hijos que obedecieran en casa, hicieran las tareas de la escuela o ayudaran con los quehaceres cotidianos. Además, tenemos que preguntarnos si las cuidadoras comunicaban todas las situaciones de tensión o conflicto que pudiesen vivir con las personas a su cargo. Podría ocurrir que, para evitar preocupar al familiar emigrado y prevenir un posible enfrentamiento con los/las menores, las cuidadoras optaran por no decir todo lo que pasaba en casa. De hecho, ocultar u omitir cierta información es una estrategia común en las familias transnacionales para proteger a sus seres queridos (Larrinaga-Bidegain et al., 2025).

No obstante, en el caso de las y los profesionales, los acuerdos sobre la responsabilidad surgían como tema recurrente y representaban para ellas/os una fuente de mayor preocupación. En sus narrativas, aparecían sobre todo dos aspectos significativos: primeramente, se encontraban con que, cuando la persona emigraba, dejaba a su hijo o hija en una situación precaria al no haber formalizado ante las autoridades quién quedaba oficialmente a cargo del cuidado del menor. En muchos casos la escuela no era informada de la situación y no sabían con quién contactar cuando surgía una situación compleja que afectaba al niño o niña. La falta de acuerdos formales con respecto a la custodia podía provocar situaciones de abandono o abuso. Por ejemplo, en caso de conflicto intrafamiliar, si la persona a la que se le había confiado inicialmente el cuidado del menor no tenía un compromiso serio y a largo plazo, podía abandonarlo/la o dejarlo/la con otra persona.

Según las maestras y las psicólogas, esto era particularmente recurrente cuando la persona que quedaba a cargo no era un familiar allegado, como las abuelas o tías, y el envío de remesas se interrumpía, aunque también podía ocurrir si el/la menor mostraba comportamientos conflictivos en casa. En cambio, en nuestra investigación no pudimos comprobar que este fuera un caso común, ni corresponde con las narrativas recogidas de las cuidadoras, que reiteraban su gran compromiso emocional en la tarea que se les había encomendado. En esta línea, cinco de las psicólogas entrevistadas también afirmaron que los menores, sobre todo las niñas, corrían un mayor riesgo de sufrir abusos físicos y sexuales cuando el padre o madre no estaban y cuando en el hogar en que los dejaban convivían muchas personas o más de un núcleo familiar (familia extendida). En su experiencia, esta situación de inseguridad podría crear en los y las menores un fuerte desapego y ser la causa de numerosos problemas de adaptación que se ven reflejados en el rendimiento escolar, en sus interacciones con compañeros/as y en su comportamiento en general.

Aunque no se puede negar que en algunos casos sí ocurren este tipo de situaciones adversas para los y las menores en los hogares de acogida, nos tenemos que preguntar si una custodia oficial es una medida suficiente para prevenir situaciones de abuso. Otro factor que considerar es que muchas personas que se van no lo anuncian a sus allegados e intentan mantener los preparativos en secreto. La razón más común es porque suelen marcharse sin la documentación necesaria, por lo que pasan las fronteras de forma clandestina y no quieren llamar la atención de las autoridades. Existe también cierto pudor o vergüenza social al fracaso, es decir, a no conseguir cruzar la frontera o cruzar, pero ser devueltos.

Además, y al contrario de lo que podríamos esperar, varias cuidadoras confirmaron que sus familiares decidieron migrar internacionalmente de forma casi imprevista. Si bien reconocen que era un proyecto que puede que estuvieran pensando llevar a cabo desde hacía cierto tiempo, pasaron a la acción de forma poco planificada, cuando les surgió la ocasión, como encontrar un coyote que les ayudara en ese momento, o cuando alguien les prestó el dinero. Y es que, el mercado del cruce de fronteras es altamente dinámico y fuerza a muchas personas a tomar decisiones rápidas, casi inmediatas.

Una consideración relacionada con la custodia legal, y cuya importancia subrayaron los/as profesionales, fue que no es común que los/las progenitores tengan en cuenta que el cuidado del/la menor se pueda ver interrumpido por una enfermedad o incluso fallecimiento de quien estuviera a cargo de este niño/a. Esta no es una situación aislada, frecuentemente las personas responsables son las abuelas y muchas tienen una edad avanzada. Si bien es cierto que los esquemas familiares en Honduras se organizan por lazos de parentesco y colaboración extensos, y si la abuela faltara, otro familiar se ocuparía del o la menor, la percepción de una ulterior pérdida puede generar en el/la menor un profundo estrés e inseguridad.

El segundo aspecto preocupante para las y los profesionales era la cuestión de la disciplina. Numerosas maestras y psicólogas afirmaron que las abuelas a cargo eran más "consentidoras" que las madres o padres y que eso hacía que el/la menor no entendiera las consecuencias de sus actos o se aprovechara de la situación para hacer lo que quisiera. Algunas maestras también afirmaron que los y las NPE mostraban comportamientos muy disruptivos en clase y con sus compañeras/os.

Sustentándonos en nuestras observaciones de campo, podemos afirmar que el estilo educativo y de relación adulto-menor al que estas profesionales de la educación hacían referencia entra dentro de parámetros más tradicionales de obediencia. Es más, en las escalas SENA que completaron los casi 400 niños y niñas de entre 10 y 14 años, no se observó ninguna diferencia significativa entre menores de padres/madres emigradas con quienes no tienen padres/madres fuera del país, ni a nivel emocional, ni a nivel conductual. Por ello, si bien concordamos en que un/a menor que no es seguido/a de cerca puede tender a comportamientos de riesgo o bajar en su rendimiento escolar, los datos que manejamos no establecen una relación directa entre la migración de los padres/madres y el fracaso escolar, las conductas disruptivas o las situaciones de abuso.

Los líderes religiosos hicieron hincapié en la disciplina, pero centraron sus observaciones en la dificultad de transmitir valores espirituales a las generaciones más jóvenes cuando los padres o madres no están o están en la distancia. Achacaron esta situación, en algunos casos, a la incapacidad de las abuelas o cuidadoras para imponerse, pero también hicieron mención a las dificultades de comunicación que tienen las familias transnacionales (distinta zona horaria, superficialidad o falta de argumentos en las charlas, aumento de la distancia emocional con el paso del tiempo) y a la precariedad que las propias personas emigradas pueden experimentar en el lugar de acogida (pérdida de trabajo, malas condiciones de vida o salud, miedo a la deportación, etc.), que limitaría su capacidad para seguir transmitiendo ciertos valores a sus hijos e hijas.

A este respecto, y en lo que se refiere a los datos recogidos con las cuidadoras, no se identificaron en sus narraciones situaciones que pudieran traducirse en una pérdida de valores de los o las menores que cuidaban. Aunque sí atribuían a la distancia y a la falta de contacto directo una potencial pérdida de conexión, las cuidadoras reiteraban sus esfuerzos por transmitir a las/los menores valores como la unión familiar, el respeto hacia los padres/madres y el amor a Dios, (identificados como pilares importantes para la vida familiar en el contexto hondureño). Esto concuerda con algunos estudios que corroboran cómo la ausencia de los padres y/o madres no se traduce automáticamente en una ausencia de valores espirituales, puesto que las personas a cargo pueden seguir transmitiendo dichos valores (Salazar Parreñas, 2006; Bryant, 2007).

5.3 LECCIONES APRENDIDAS

Remesas

Las remesas aparecen como una parte del proyecto familiar común, pero su gestión es delicada, sobre todo porque no hay una certeza ni de la cantidad que se va a poder mandar, ni de los tiempos. Basándonos en las narraciones de las y los profesionales llegamos a la conclusión de que sería recomendable:

- Tener expectativas realistas respecto a la cantidad de dinero que se espera o necesita recibir y la que se espera y se puede enviar.

- Considerar la posibilidad de que la persona que migra no siempre estará en la posición de enviar remesas.

- Pactar el uso de las remesas de forma clara (gastos escolares, gastos de vivienda, gastos extras) y organizar un plan de ahorro para el o la menor si fuera posible.

- Si la edad y la madurez cognitiva del o la menor lo permite, conviene que se le involucre en la gestión de las remesas, al menos tenerla/lo informado del uso de las mismas, para así hacerle más partícipe y darle cierta responsabilidad/control de su situación.

- Evitar usar las remesas, sobre todo en lo que se refiere a la interrupción del envío, como forma de control sobre la familia en el país de origen.

- Cuando la persona emigrada considere que ya no tiene la obligación de seguir mandando remesas, es aconsejable decidir conjuntamente cuando estas se interrumpirán definitivamente (por ejemplo, cuándo el menor llegue a la mayoría de edad, cuando empiece a trabajar, o cuando se reúna con el padre/madre).

Responsabilidad del cuidado

Prestar atención a la responsabilidad legal del/la cuidadora y los derechos del niño/a hace que los familiares no queden desprotegidos frente a la ley y que gocen de cierta protección y responsabilidad jurídica.

La responsabilidad del cuidado es de suma importancia y debería ser planteada y acordada antes de la marcha del padre/madre. Cada país puede tener sus propias normas legales para hacerlo. Siempre que sea posible, y a pesar de las circunstancias que hemos descrito con anterioridad, es importante:

- Formalizar la cesión temporal de la responsabilidad legal del padre o madre al cuidador/a. Lo mejor es transferir esta competencia a la persona adulta que se queda en el país de origen encargado de cuidar del/la menor.

- Tramitar el pasaporte del/la menor, que en la mayoría de los casos requiere la firma de los dos progenitores, antes de la marcha.

- Ante posibles adversidades, el padre/madre debería acordar con la persona cuidadora una alternativa para que el/la menor no quedara desamparado en caso de enfermedad, fallecimiento o disputa.

- Involucrar al niño o niña, siempre que sea posible, en la decisión de con quién se quedaría y de quién sería la persona que se encargaría en caso de problemas con la cuidadora principal.

Disciplina

En general, resulta adecuado organizar los roles dentro de la familia de tal forma que exista una cierta claridad acerca de las responsabilidades de cada uno. Este acuerdo sobre los roles permite que quien se encarga de una tarea (por ejemplo, a ayudar con la escuela o llevar el niño al doctor) se sienta legitimado/a para ejecutar dicha actividad. Esto permite identificar con claridad a quién se debe acudir para resolver problemas en determinadas áreas.

- El reparto de roles no significa rigidez absoluta. La familia tendrá que navegar las diferentes situaciones y adaptarse al ciclo vital en el que se encuentre el niño o niña (edad y madurez).

- Es recomendable que el padre/madre en el extranjero no tome decisiones unilateralmente sin consultar con la cuidadora antes, para acordar la estrategia a seguir y que el/la menor no perciba desavenencias o contradicciones que puedan crear inseguridades e incertidumbres innecesarias.

No existen acuerdos que puedan cubrir todos los escenarios que irán surgiendo en la realidad de la FT, que es un ente complejo y dinámico, compuesto de varios miembros, con su propia idiosincrasia. Aun así, estos sirven como ruta de navegación fundamental para el manejo del día a día y contribuyen a aumentar la confianza mutua entre la persona emigrante, la cuidadora principal en el país de origen y el niño o niña.

Para ir reflexionando

¿Qué acuerdos se pueden establecer en el interior de la familia que permitan la organización de esta en el contexto de la transnacionalidad?

¿Además del aporte económico, qué otro valor añadido pueden representar las remesas para las familias transnacionales?

En este capítulo, hemos visto cómo profesionales y cuidadoras no siempre coinciden en el análisis que hacen respecto a las remesas o respecto a la responsabilidad del cuidado y disciplina, ¿qué razones pueden explicar estas diferencias?

La disciplina dentro de las familias tiene mucho que ver con factores culturales. ¿De qué forma el contexto transnacional puede influir en un cambio de perspectiva con respecto a la disciplina?

---

6. La reunificación familiar: Negociaciones y expectativas

> Alicia, una abuela que quedó a cargo de sus dos nietos cuando su hija menor decidió partir a los Estados Unidos, nos muestra una cara de la reunificación que pocas veces se tiene en cuenta. Ella vivió primero la separación de su propia hija y, más tarde, la de sus dos nietos que, al cabo de cuatro años dejaron Santa Rosa de Copán para reunirse con su madre. Alicia relataba así su situación:

> "La cosa es que, al final, ahorita ella se terminó llevando a los niños (guarda silencio y llora), que es lo que me había quedado a mí de ella. (…) Cuando ella me habló de llevarse a los niños, yo le dije: Hija, no te los lleves, yo no quiero que te los lleves…; Yo tengo que traérmelos porque no tengo idea cuando regresaré allá mamá. Y le digo: Bueno, entonces, ¿o sea que la separación es para siempre?; Un día regresaré solo por ir a verla a usted, compartir con usted por un tiempo; (…) ¿Por qué, hija? (…); Mamá a mí me hacen falta mis hijos; Pues, a mí me haces falta tú también. Entonces, ¿cómo quedamos en esto? le digo yo; Pero yo tengo que traerme a mis hijos. Al final, ella logró llevárselos".

Las migraciones internacionales son una realidad que requiere de gestiones eficaces, a la vez que atentas y empáticas. Al aumento del cruce internacional de fronteras en todo el mundo, se contrapone el acento que muchos países ponen en políticas y acuerdos de hiper-securitización para limitar el acceso a personas. La aparente impenetrabilidad de las fronteras y el escrutinio burocrático necesario para atravesarlas, a la larga, provocan una jerarquización de quién puede y quién no puede acceder a una migración documentada (Menjívar, 2014) y dificultan las reunificaciones familiares seguras y en tiempos razonables.

La dimensión simbólica del reencuentro, sumada a los cruciales aspectos administrativos, constituye otro importante factor que considerar a la hora de analizar la realidad de las personas migrantes. A pesar de que la reunificación familiar podría considerarse una parte integral de los acuerdos familiares (capítulo 5 de este libro), la naturaleza y diversidad de las negociaciones que esta conlleva, así como sus efectos para los miembros implicados en ellas, necesitan ser estudiados atendiendo a su propia idiosincrasia. Si la separación familiar es, sin duda, un elemento altamente disruptivo en las dinámicas familiares, vemos que, en casos como el de Alicia, la reunificación también conlleva eventuales desajustes en la armonía establecida. Por ello, el reencuentro entre progenitores, hijos e hijas, en especial cuando son los/las menores quienes dejan el país de origen para ir a vivir con los padres y/o madres, no necesariamente supone el fin de las dificultades en la familia. Dicho reencuentro tiene que considerarse como otra fase más del ciclo migratorio, que altera los delicados equilibrios que las familias transnacionales han construido hasta ese momento, y necesita gestionarse teniendo en cuenta las diversas interpretaciones de los actores involucrados.

Desde una perspectiva crítica de análisis, es importante entender a la familia transnacional dentro de un marco de posibilidades amplio y flexible, ya que va más allá de la compuesta únicamente por padres, madres e hijos/as que viven en países diferentes. Nuestra investigación, sobre todo en lo que respecta a las experiencias de las cuidadoras, confirma que existe una amplia tipología de familias transnacionales. El compromiso y la presencia de un miembro de la familia en los momentos de separación es lo que marcará su rol en esta y su importancia en las decisiones finales, no necesariamente la vinculación sanguínea. Este punto es de particular relevancia en el contexto sociocultural latinoamericano, donde el modelo de familia extendida y multigeneracional resulta común (Delgado Sarasty, 2024). Dicho tipo de unidad familiar representa una forma de capital social (Pinillos Guzmán, 2020), que garantiza redes de apoyo y alianzas para el cuidado, fundamentales en situaciones adversas, como puede ser la ausencia de algún miembro.

Por ello, a nivel sociológico, estudiar las dinámicas de las familias transnacionales implica comprender la lógica cultural con la que funcionan y se organizan en el país de origen. En la vida cotidiana de muchos hondureños y hondureñas, la colectividad y el apoyo intergeneracional son un pilar fundamental, por lo que cualquier cambio, incluyendo la reunificación, tiene una repercusión más allá de la familia nuclear. En otras palabras, si la familia extendida supone un recurso para los padres y madres que emigran, también tendría que ser una pieza integral de los planes de reunificación y las decisiones que se tomen al respecto. Sin embargo, del análisis de las entrevistas y los grupos focales observamos que no suele ocurrir así.

Al igual que Alicia, la mayoría de las cuidadoras afirmaron no tener control sobre la posible reunificación y, llegado el momento, no sabían ni cuándo ni en qué términos esta podría ocurrir. Por un lado, sentían que la decisión final, de igual manera que lo fue la partida, no recaía en ellas como sujetos principales de la acción, sino en las personas que migraron. Por otro lado, eran plenamente conscientes de que en el contexto de la separación las variables eran más complejas aún, puesto que era un tema de voluntad, pero también de posibilidades. Es decir, a la disposición o deseo de estar juntos de nuevo, se tenía que añadir la situación específica de sus seres queridos en el país de destino, sobre todo en lo referente a las posibilidades económicas y la situación administrativa.

A pesar de las dificultades, cuando la persona emigrada comparte su intención de reunificar a la familia y consensua, dentro de sus posibilidades, los tiempos y los términos del nuevo paso con los miembros más interesados, como los y las menores y las cuidadoras, está construyendo vínculos significativos dentro del proyecto familiar. Este proceso es fundamental para entender la migración en toda su complejidad. Por eso, como exponemos a continuación, en el estudio de las familias transnacionales es fundamental tener en cuenta de qué forma los distintos miembros modulan sus expectativas, negocian las posibilidades de futuro común y gestionan sus acciones, individuales y grupales. A partir de ello, será posible determinar la solidez de los vínculos familiares, también en contextos de distancia geográfica.

6.1 LA REUNIFICACIÓN COMO PROYECTO FAMILIAR

El reencuentro adquiere un papel protagonista en muchas de las conversaciones que mantienen los miembros de la familia que están en el extranjero con sus hijas/os y con sus cuidadoras. En los relatos de las cuidadoras, imaginar que sus seres queridos vuelven y establecer un tiempo aproximado para dicho retorno es una parte constitutiva de su propia experiencia migratoria, incluso cuando entienden que las posibilidades de que ocurra son pocas. Lo que a priori puede parecer una mera fantasía, se convierte, así, en un marco de acción y de agencia, ya que permite navegar el limbo espacio-temporal en el que se encuentran estas familias, dándoles una continuidad, que de otra forma se vería interrumpida. De hecho, el concepto de "tiempo suspendido" que aplica la antropóloga social Melanie Griffiths (2014) a los procesos de espera, regulación y deportación que viven muchos/as migrantes irregulares, puede aplicarse a la experiencia que vive la familia que aguarda en el país de origen, independientemente del estatus del familiar emigrado, puesto que ellos/as también entran en un ciclo indeterminado y altamente abstracto de expectativas y demora que condiciona sus acciones y sus relaciones cotidianas.

La proyección de un futuro juntos, además de actuar como un elemento de contención de la precariedad que pueden experimentar, ayuda a sobrellevar el sentimiento de pérdida que algunas personas tienen y a dar sentido a muchas de sus acciones, sacrificios y penurias, a la vez que suaviza la aguda dicotomía entre una separación permanente y el reencuentro con el familiar emigrante. Sin embargo, cuando la reunificación familiar ocurre tras un largo tiempo de separación, esta genera cierto temor, ya que tiene sus propios obstáculos. Por ejemplo, Víctor, uno de los líderes religiosos, hablaba así de la experiencia que algunos feligreses habían tenido al reencontrarse con sus familiares en el extranjero:

> *Ya hablando con nosotros, dando seguimiento, nos decían: "Creíamos que iba a ser diferente reunirnos, estar en familia, creíamos que iba a volver a ser lo mismo de antes, creíamos que íbamos a volver a sentir compañía", pero en*

realidad la familia se fragmentó tanto durante tanto tiempo, que al momento de unirse ya no hubo una verdadera unidad como la que existía al inicio.

De las palabras de Víctor se deduce que la reunión no pone punto final al proceso migratorio, más bien es una fase que se incorpora a las anteriores. Al igual que las otras etapas, pocas veces las familias, en su conjunto, están equipadas con las herramientas necesarias para afrontarla y para asentar medidas eficaces que puedan mitigar los miedos y reducir las tensiones que, como contaron nuestros/as participantes, siempre surgen en esta nueva situación. Aunque el abanico de posibilidades en torno a la reunificación es muy amplio, la literatura identifica los siguientes retos como aquellos que se repiten con más frecuencia (Salazar Parreñas, 2008; Hondagneu-Sotelo & Avila, 1997):

· Diferencias en los procesos de adaptación al país de acogida, que son únicos para cada persona y no siempre están en sintonía con lo que viven las personas que se fueron primero y las que migraron después.

· Desfase emocional o desapego afectivo a causa de una separación prolongada.

· Transformación de los roles dentro de la familia, que requiere negociaciones para volver a establecer vínculos y responsabilidades en la convivencia cotidiana.

· Tensiones derivadas de expectativas no compartidas, tanto en lo emocional como en lo material.

Es importante notar que los desafíos identificados parten de la perspectiva de quien estudia la familia transnacional en el país receptor y no desde la perspectiva de la familia que se queda. Persiste un notable silencio en torno a las dinámicas que se desarrollan antes y durante el proceso de reunificación familiar, particularmente desde el país de origen. Estas dinámicas incluyen las tensiones y negociaciones que se producen entre los padres y madres migrantes y las cuidadoras de los/las menores que han quedado atrás, al momento de decidir cuándo y bajo qué condiciones llevar a cabo dicho reajuste. Este proceso implica, para algunos miembros de la familia, un reencuentro; para otros, una separación; y para los/las menores, con frecuencia, ambas experiencias simultáneamente.

En la mayoría de las ocasiones, las personas que van a emigrar suelen acompañar el anuncio de su marcha con algún tipo de afirmación sobre el futuro, en particular en lo que se refiere a sus hijos e hijas. La promesa del regreso o la de volver a estar juntos es una estrategia común que ayuda a mitigar el dolor de la despedida, a la vez que se convierte en una meta para la familia en su conjunto. Así lo explicaba una de las participantes:

> *Pero si nos hemos puesto a platicar...Pues sí, están muy optimistas, verdad, de que algún día vamos a volver a estar juntos y de que la meta que nos hemos propuesto como padres la vamos a cumplir y cuando ella termine...Entonces, están muy alegres, muy optimistas. Ellos dicen que esperan que el tiempo pase rápido, pero el tiempo pareciera que fueran décadas (se ríe).*

La variedad de situaciones y las repercusiones que conlleva la reunificación para cada persona en sus respectivos roles, requiere que la familia, de manera conjunta, consensúe la reunificación. Es de vital importancia establecer tiempos y formas adecuadas, en particular cuando es el/la menor quien se va a desplazar a otro país, ya que esto supone un cambio importante para sus vidas y una disrupción de las relaciones de dependencia y afecto mantenidas hasta ese momento con sus cuidadoras en el país de origen. Además, el tiempo transcurrido desde la última vez que vieron a sus madres o padres puede ser extenso. A este respecto, y aunque sea difícil establecer una media exacta, según el informe conjunto de UNICEF y OIM (2016) el 50% de los niños centroamericanos separados de sus madres y padres migrantes permanecieron sin contacto físico por más de cuatro años, con casos que superan los seis años. Estos datos coinciden con los hallazgos de nuestro estudio en Honduras, donde la mayoría de las familias habían estado separadas entre tres y cinco años. Sin embargo, los casos más extremos mostraron una gran variabilidad, con períodos de separación que iban desde apenas once meses hasta diez años completos.

La duración de la separación tiene un efecto real sobre las familias y también sobre la conformación de proyectos comunes. Cuanto mayor es el tiempo transcurrido, más difícil se hace mantener el sueño de la reunificación. No obstante, existen otros factores que influyen y deben tenerse en cuenta, como las veces que los progenitores pueden viajar a sus países de origen para visitar a sus hijas e hijos, que, en el caso de las personas que migran sin documentos, se hace particularmente complicado, o la rapidez con la que consiguen ahorrar el dinero suficiente para llevar a los hijos/as al país de destino. Independientemente, la reunificación se introduce en las narrativas familiares hasta convertirse en un elemento constituyente de las mismas, incluso en aquellos casos en los que la posibilidad de que ocurra es escasa.

6.2 LAS EXPECTATIVAS TRAS LA PARTIDA

En los casos en que es viable, la reunificación familiar enfrenta el desafío de evitar una segunda ruptura en la dinámica relacional. Cuando la/el menor se traslada al país de acogida para integrarse al núcleo parental biológico, se aleja físicamente, al mismo tiempo, de la persona cuidadora y responsable durante el tiempo que duró la separación. Por lo tanto, el vínculo de apego establecido con sus abuelas/tías, que representó la base afectiva y de seguridad en momentos críticos, se ve interrumpido. Por eso, es imprescindible anclar las expectativas a posibilidades tangibles, en un fino equilibrio entre deseo y realidad factible.

El proceso de reagrupamiento familiar pone en evidencia la brecha existente entre aspiraciones y contextos, por una parte, y la heterogeneidad de las subjetividades individuales, por otra. Es decir, la primera tensión crítica reside en sincronizar las diversas interpretaciones que cada miembro tiene sobre cómo y cuándo volver a estar juntos/as. Algunos estudios, señalan que la idea de reunificación puede variar también según el género. Mientras que las mujeres con hijos/as en el país de origen contemplan más la posibilidad de volver, los padres prefieren planificar la ida de sus hijos/as al país de destino (Apatinga et al., 2022).

Por consiguiente, no debe suponerse que la reagrupación sea el resultado más deseable para todos los miembros de la familia en todos los casos. Las cuidadoras también lo viven como una segunda pérdida y explican que sienten dolor por la soledad en la que quedan. Esto puede explicar por qué la idea o deseo de reencuentro que aparece más frecuentemente en sus relatos es el del regreso de la persona migrada y no la partida del menor al que cuidan. Así lo explicaba una de las cuidadoras participantes: "Yo le digo a ella, si yo como madre te extraño y deseo que estés aquí, imagínate tus hijos" y otro cuidador detallaba "[...] Mi deseo no es irme para allá tampoco, prefiero que se venga ella y esté ella aquí". En un aspecto más práctico, la dependencia económica y la movilidad social ascendente que permiten las remesas enviadas por los padres y madres para el cuidado de los/las menores se pueden perder una vez estos se van. Además, en el caso de las abuelas ya mayores, existe la posibilidad de que pierdan la oportunidad de ser cuidados por sus nietos/as, lo que preocupa tanto a ellas como al familiar que se fue. Así pues, la decisión sobre si las madres/padres regresan o los miembros de la familia se reúnen con ellos en el extranjero provoca un nuevo desajuste en el equilibrio familiar y puede ser la provoca de tensiones intrafamiliares.

Si bien la impredecibilidad produce inseguridades, planificar el volver a estar juntos establece tiempos de referencia comunes a todos los miembros. Desde una perspectiva crítica, la tensión que se genera puede interpretarse también como una construcción del proyecto común que contribuye a generar significados compartidos. Por lo que no se trata de evitar tensiones, sino más bien de aprender a manejarlas dentro de las posibilidades de cada miembro. Realizar una lectura común sobre el futuro es seguramente el primer paso de la negociación, ya que, como mencionan Veale y Andres (2020), es una forma más de mostrar cuidado y cimentar el sentido de cohesión y pertenencia. Pero para que dicho cuidado sea común y sostenido mutuamente, es fundamental que se construya entre todas las personas afectadas por la separación, es decir, de la misma forma que la partida tendría que ser consensuada, la reunificación, incluso en lo imaginario, tendría que serlo también.

Cuando los/las hijos/as se reúnen con sus familiares en el extranjero, las cuidadoras que se habían encargado de los/las menores hasta ese momento pierden su rol, así como el contacto cotidiano y compañía, lo que les causa preocupación y dolor. Las cuidadoras sufren las consecuencias directas de una frontera tanto geopolítica como social que obstaculiza la convivencia entre las diferentes generaciones de la familia (Redmond & Martin, 2023). En nuestra investigación, las cuidadoras que más temían la separación mostraban una gran impotencia por no formar parte de la decisión, de igual forma que no lo fueron de la partida del familiar, o de la responsabilidad adquirida sobre el/la menor que dejaron a su cargo. Así que podemos afirmar que la falta de opciones y la pérdida de responsabilidad les provocan una sensación de desempoderamiento. Sin embargo, si la decisión de la reunificación es compartida y consensuada entre todos/as, resulta probable que las cuidadoras puedan sentirse más partícipes de la vida y bienestar familiar, y tengan el suficiente tiempo para hacerse a la idea y elaborar las herramientas necesarias para ajustarse a la situación de forma constructiva.

Aún más importante, cuando están involucradas en el proceso de reencuentro, se convierten en agentes mediadores que allanan el camino para facilitar la adaptación de los y las menores al país de acogida. Este fue el caso de Adela, quien hablaba a su nieto sobre la importancia de integrarse en el país de acogida:

> *Sí, yo le digo a él, mire hijo, si su mamá se lo va a llevar es para bien, no para mal, no le vaya a ir a dar problemas allá, usted tiene que ser un hijo modelo para su mamá. Va a estar en otro país, no es su tierra, su tierra es aquí; pero como hay necesidad de que usted vuele a otro país, entonces usted tiene que ir a dar lo mejor que pueda dar allá.*

En su relato, observamos cómo el cuidado que ejerce Adela es multidireccional, ya que va dirigido al bienestar de su nieto, pero también al de su hija. Con sus palabras *"es para bien"*, sitúa la experiencia migratoria de su nieto dentro del marco de la oportunidad y no del sacrificio. Además, realiza un trabajo conductual preventivo —*"tiene que ser un hijo modelo"*— y cimienta los futuros vínculos de relación madre-hijo. Es también interesante observar que Adela reafirma la tierra de pertenencia *"su tierra está aquí"*, y con ello la cultura, a la vez que legitima la partida. Este equilibrio entre apego y contexto es fundamental en las conversaciones con los/las menores ya que les ayuda a construir herramientas de resiliencia y a dar sentido a momentos de alta vulnerabilidad. Finalmente, Adela prepara el camino para la autoridad de la madre y el respeto del hijo hacia ella como un pacto de reconocimiento mutuo, otorgando al niño un rol activo —*"dar lo mejor"*— y a la madre (la hija a la que sigue cuidando Adela en la distancia) el reconocimiento de su valía y crédito.

Intervenciones como las de Adela no son aisladas, surgen en muchas ocasiones de forma orgánica y espontánea. Por ello, es importante que los y las familiares en el extranjero pacten con las cuidadoras y también con los/las menores la factibilidad del regreso o del reencuentro, y, si este se llegara a producir, elaboren estrategias de acercamiento progresivo entre el menor y la madre/padre en el extranjero, de despedida gradual entre la/el menor y su cuidadora, y de continuidad entre las dos culturas.

6.3 LECCIONES APRENDIDAS

Las familias transnacionales se enfrentan a los retos que implica la distancia, tanto emocional como geográfica, entre los que se encuentra manejar el delicado equilibrio entre las expectativas de futuro y la realidad del reencuentro. Cuando la relación afectiva y de dependencia entre las personas que se quedan y las que se van es profunda, la idea de la reunificación y las narrativas que se crean alrededor funcionan como brújulas emocionales que indican un proyecto colectivo de futuro. Evocar un horizonte tangible, como el volver a estar juntos/as, construye ayuda a tejer intenciones compartidas y a dar sentido a la separación, más allá de esta. Este proceso permite a los miembros de la familia en el país de origen "mantener la vida familiar" en ausencia de relación física (Veale & Andres, 2020, p. 15).

Aunque hagamos énfasis en las estrategias y los saberes que la familia, como unidad, puede poner en marcha, existen elementos externos que influyen y que son imposibles de controlar. El significado que cada familia dé a la separación y al reencuentro, se genera en una dialéctica con el entorno, usando aquellos dispositivos discursivo-relacionales culturalmente disponibles, que son los que configuran el horizonte de posibilidades tanto de pensamiento como de acción (Foucault, 1977). También es necesario poner en marcha aquellos mecanismos y disposiciones que permitan gestionarla discursivamente primero, y a nivel pragmático después. Es decir, manejar las expectativas de cada miembro, dando margen a que sus varias posiciones confluyan de alguna forma en significados compartidos, al menos en los elementos basilares. Esto puede marcar la diferencia entre una transición traumática o resiliente para todos los miembros de la familia. Los siguiente son algunos aspectos que tener en cuenta:

·   Es importante llegar a acuerdos con respecto al retorno o a la reunificación que sean claros en sus objetivos, pero flexibles en sus trayectorias, para que articulen un deseo a la par que permanezcan abiertos a posibles cambios circunstanciales. Una estrategia puede ser la de evitar fechas concretas; es más enriquecedor trabajar alrededor de objetivos —"cuando consiga los papeles podremos estar juntos de nuevo".

·   Las negociaciones deben operar como estructuras narrativas de significados compartidos. Uno de los primeros pasos debería ser negociar qué entiende cada miembro por "volver a estar juntos/as": si se refieren al retorno definitivo de la persona migrante al país de origen, a un reencuentro puntual en fechas significativas, al desplazamiento del menor al país de acogida, etc.

- La construcción de los acuerdos sobre la reunificación debe ser un proyecto colectivo para poder constituirse en un elemento de identidad y de unidad familiar. Los miembros más significativos de la unidad familiar deben participar, incluido y las menores.

- Incluir a las cuidadoras en esa co-construcción es fundamental, ellas pueden actuar como agentes mediadores clave en una transición equilibrada y responsable, a la vez que las empodera en su rol de cuidadoras intergeneracionales.

- Se tiene que entender que la reunificación no siempre es conveniente para todos los miembros de la familia por igual, y que implica, en algunos casos, una segunda pérdida. El alejamiento del/la menor de su cuidadora principal no es necesariamente el fin de la separación, sino el inicio de otro duelo que debe gestionarse con la misma importancia con la que se gestionó la separación de la madre o el padre.

Para ir reflexionando

¿Qué profesionales pueden intervenir para mediar en las negociaciones y transición del reencuentro?

¿Es siempre conveniente incluir al/la menor en las conversaciones sobre la reunificación?

¿Qué ocurre cuando el deseo o la expectativa de volver a estar juntos/as no se puede cumplir?

¿Es posible continuar la narrativa de unidad y continuidad familiar cuando la separación es muy prolongada?

¿Qué estrategias pueden ponerse en marcha para facilitar el reencuentro?

---

7. La importancia y los límites de la comunicación

> *Gladis, una cuidadora participante, explica cómo su nieto, de once años, se excusa para evitar hablar con su madre por teléfono: "Es que de cierto modo se vuelve como más distante, o sea cada tiempo que pasa, como que algo marca más distancia con ellos, igual no puedo ponerle una camisa de fuerza, no le puedo obligar. Es tu papá, sea aquí o sea allá". Ante este tipo de situaciones compartidas con las demás cuidadoras, la mayoría expresa preocupación al comprobar cómo se va a acrecentando la lejanía emocional por parte de los/as menores hacia sus progenitores, debido a la distancia y al paso del tiempo.*

A la hora de relatar sus experiencias, las participantes enfatizan que una de sus responsabilidades principales es la de mantener en el tiempo la relación entre los menores a su cargo y los progenitores que han emigrado. Pero, para desempeñar este papel, quienes cuidan necesitan del apoyo del resto de la familia transnacional. Esta colaboración tendría que ser afectiva además de material o logística, y lo ideal sería que viniera de los diversos agentes involucrados en la vida de esta familia: tanto los progenitores emigrados, como los maestros/as de los menores que quedan en el país de origen, los psicólogos/as al servicio de estas familias y/o las personas que forman parte de la comunidad religiosa de estas personas.

7.1 EL ESPACIO DIGITAL

La distancia física, las diferencias culturales de cada país y las distintas zonas horarias pueden dificultar la comunicación de la familia transnacional, pero dentro de esos obstáculos, las nuevas tecnologías de la información y la comunicación (NTIC) resultan de ayuda a los padres y madres transnacionales para comunicarse de forma sencilla y cómoda con sus familiares en el país de origen.

Este espacio relacional que se crea en la distancia es a la vez simbólico y geográfico (Telve, 2019) y permite a los padres seguir ejerciendo su papel en la familia y continuar elaborando y negociando sus narrativas migratorias. Según Acedera y Yeoh:

> En lugar de tratar el espacio mediado como un espacio virtual separado, los espacios cotidianos online y offline están entrelazados y se constituyen mutuamente. [...] El espacio de los medios sociales también permite (re) negociar diferentes formas de "hacer familia" en el espacio transnacional y próximo (2022, p. 216).

Sumado al espacio, el tiempo es una dimensión crucial que contribuye a la complejidad de la comunicación y la unión de la familia transnacionales a través de las TIC, ya que estas a menudo luchan "para sincronizar el tiempo de trabajo y el tiempo familiar/social a través de fronteras y zonas horarias" (Yeoh et al., 2023, p. 429). Este esfuerzo por acoplar los tiempos propios a los de quienes se encuentran en un huso horario diferente construye, como resultado, un espacio que puede llegar a sentirse "suficientemente real" (Leifsen & Tymczuk, 2012, p. 220).

Las necesidades, costumbres y sueños de las familias transnacionales cambian conforme lo hacen también las configuraciones geográficas que estas adoptan a lo largo del tiempo, y la ubicación de las relaciones de cuidado se ve influida por la capacidad que los familiares presentan para participar en las negociaciones y superar unas políticas migratorias que cada vez son más restrictivas a nivel global (Bonizzoni, 2015).

7.2 LA COMUNICACIÓN EN LA DISTANCIA

Los miembros de la familia transnacional pueden adaptar ligeramente sus hábitos para ajustarse a los nuevos tiempos y rutinas que ahora experimentan a través de la distancia física. Algunos ejemplos de estas rutinas pueden ser compartir el momento de comer a partir de una videollamada (aunque para unos sea el almuerzo y para otros la cena), preguntar por las tareas escolares y ayudar vía telefónica a los niños/as con sus deberes, en la medida que los horarios lo permitan, o mandar mensajes para desear unos buenos días, buenas noches o felicitar el cumpleaños. Detalles como estos hacen que la distancia física parezca incidir menos en la presencia en la vida del otro y permite disfrutar de la compañía de una nueva manera.

Estas comunicaciones regulares y frecuentes son consideradas como una práctica de cuidado hacia la familia de origen y de identificación con ella, que tiene una finalidad protectora contra el dolor emocional de la distancia y la soledad (Bonizzoni, 2012; Cienfuegos Illanes, 2010; Leifsen & Tymczuk, 2012; Telve, 2019). Y, aunque a cada miembro de la familia la distancia puede afectarle de una manera y la frecuencia o intensidad de las comunicaciones también pueden variar según la persona, la duración de la separación es uno de los principales factores que puede influir en el contenido, significado y la periodicidad de los intercambios comunicativos (Bonizzoni, 2012).

Fijarse en el número o la duración de las interacciones entre quienes han emigrado y quienes están en el país de origen no resulta significativo. Con relación al bienestar familiar, resulta mucho más valioso atender a la calidad de estos intercambios. Los/las profesionales y los miembros de las familias transnacionales coinciden en que la capacidad de mantener una buena comunicación familiar es lo más importante a la hora de asegurar el bienestar tanto de los/as menores como de los cuidadores/as que se encargan de ellos en el país de origen y los familiares emigrados.

En algunos casos, algunos progenitores admiten sentirse más unidos a sus hijos/as en la transnacionalidad que antes de su partida (Tungohan, 2013). Y es que, a pesar de la distancia física y el miedo que esta puede acarrear de que el vínculo familiar pueda deteriorarse o desaparecer (Dreby, 2006, 2015), las madres y los padres que emigran pueden lograr cuidar la intimidad con los familiares que se quedan en el país de origen gracias a los medios tecnológicos que permiten la comunicación a pesar de la distancia, y se convierten en formas de "copresencia", combinando "la provisión de necesidades y el apoyo socioemocional en los procesos de crianza y socialización" (Leifsen & Tymczuk, 2012, p. 233).

Por otra parte, también hay que evitar idealizar el papel de estas NTIC, ya que también pueden convertirse en una fuente de expectativas polémicas sobre la disponibilidad digital y la obligación de estar "siempre presente" (Yeoh et al., 2023, p. 429). A pesar de las facilidades que traen consigo las tecnologías, la literatura sobre familias transnacionales también contempla la dificultad que puede acarrear el uso de una comunicación telefónica constante. Especialmente en el caso de las parejas, a la vez que las NTIC hacen posible la colaboración en tareas parentales cotidianas de cuidado y organización de la familia, esta conexión permanente también puede conllevar un aumento de tensiones en las relaciones conyugales, al tener que lidiar con el constante conflicto entre las frecuentes expectativas tradicionales en los países de origen y las cambiantes dinámicas de la familia transnacional (Cabanes & Acedera, 2012). Además, crecen las oportunidades de vigilancia, lo que lleva a que personas con relaciones inestables de pareja experimenten un aumento de los conflictos al adaptarse a la distancia (Madianou, 2016). Para solventar tal tensión y evitar la sospecha, una estrategia útil es tratar de ser lo más sinceros y transparentes posible.

La calidad de la comunicación, más que la frecuencia con la que se da, es crucial para evitar "una creciente sensación de distancia emocional" (Yarris, 2014, p. 485). Sumado a estos encuentros en la distancia, siempre que sea posible, también es recomendable combinarlos con encuentros cara a cara. Estas citas "periódicas y regulares son importantes y necesarias para ampliar las dimensiones materiales y socioemocionales del cuidado y la pertenencia" (Leifsen & Tymczuk, 2012, p. 233) y, además, sirven para conservar la sensación de pertenencia a la comunidad de origen.

7.3 LAS CUIDADORAS COMO MEDIADORAS ENTRE MENORES Y PROGENITORES EMIGRADOS

En nuestra investigación, las personas que cuidan de los y las menores cuyos progenitores han emigrado se ven a sí mismas como los y las responsables de mantener una comunicación significativa entre quienes se han ido y quienes se quedan y conseguir así que no se pierda el apego familiar. En su mayoría, son mujeres quienes ocupan este papel de cuidadoras. La responsabilidad que asumen se suma a todas las demás con las que deben cumplir en el desempeño de su rol.

En las entrevistas realizadas, tanto individuales como en grupos focales, la sensación de "sobrecarga" aparece de manera recurrente. Así, identificamos que resultaría beneficioso que esta población cuidadora contara con la colaboración de otros agentes involucrados en esta situación de transnacionalidad que viven: desde los demás familiares, hasta los profesionales en contacto con estas personas (trabajadores/as sociales o profesionales de la psicología o la educación, por ejemplo) o líderes religiosos de la comunidad en la que viven, que también puede mediar en la comunicación familiar.

Las cuidadoras como Gladis explican que es frecuente que los/as menores se muestren reticentes al nuevo formato de comunicación a distancia, especialmente en el caso de los/as adolescentes. Las personas responsables del cuidado de estos menores buscan que sean "buenos hijos", y así se pueda producir un acercamiento con los progenitores emigrados y construir proyectos de vida común a pesar de los cambios constantes que ocurren en la transnacionalidad (Mora Haydar et al., 2011). Según analizamos en nuestras entrevistas, estas cuidadoras coinciden en que si la comunicación es de buena calidad (sincera, abierta, íntima), se mantiene en el tiempo de forma regular, y es un empeño compartido entre todos (por ejemplo, no es solamente una persona quien siempre llama a otra), esto puede prevenir que se desgaste o enfríe la relación.

Además, son conscientes de que sus familiares migrados también necesitan recibir cuidados, aunque sea en la distancia y para ello, según explican en las entrevistas realizadas, adaptan a esta nueva tesitura las herramientas emocionales y recursos con los que cuentan: "Reconocer que quienes se fueron también requieren atenciones de quienes se quedaron es una reflexión que contradice el discurso social de reproche hacia quien se marcha" (Larrinaga-Bidegain et al., 2025, p. 9).

A su vez, las abuelas cuidadoras que se quedan en Honduras expresan que echan en falta la compañía y el cuidado de sus hijas que han emigrado. Es frecuente que las hijas que se encuentran en el extranjero trabajen cuidando de otras personas, lo que forma parte de la "cadena global de cuidados" (Hochschild, 2000). Las mujeres que emigran y son contratadas para desempeñar labores de cuidado lo hacen frecuentemente en condiciones precarias (Fuentes Gutiérrez & Agrela Romero, 2018). Esta precariedad se refleja no solo en condiciones económicas, sino también en la falta de alternativas y en la capacidad de elección con las que estas mujeres cuentan. Esto hace que cuando se las necesita de vuelta o quieren volver a su país de origen, en muchas ocasiones no estén en la posición económica o emocional de poder regresar.

Por último, la omisión de la información es otra de las principales preocupaciones que la población cuidadora de menores de padres y madres emigrados/as expresó en sus entrevistas. Así lo explicaba una de las participantes:

> Una se reserva a veces cuando uno tiene problemas. Así, se reserva a no contárselo a las personas que están allá, verdad, porque no queremos preocuparlos; cuando yo hablo con mi hijo: "¿Qué tal?"; "Todo bien hijo", le digo yo... "Todo bien mami. Usted no se preocupe que aquí todo bien". Y pienso yo: "A saber, ¿cómo estará?".

Estas participantes exponen que ocultan información a quienes están fuera para evitar preocuparles. Paradójicamente, a su vez, muchas de ellas dicen identificar el mismo comportamiento en sus familiares emigrados: En otras palabras, intuyen que también quienes están fuera eligen no compartir información para no preocuparlas. Y es que, estos filtros pueden aumentar la desconfianza y provocar ansiedad e incluso sospecha (Boccagni, 2012), llegando a acrecentar la distancia psicológica y relacional dentro de las familias transnacionales en vez de reducirla. A pesar de que es habitual que se filtre o mitigue información porque todas las partes se preocupan por la otra, incluso cuando se hace por estas razones de protección, los filtros emocionales y la selección de información puede resultar contraproducente.

7.4 LECCIONES APRENDIDAS

Acostumbrarse a las relaciones basadas en las NTIC puede permitir a las familias transnacionales reestructurar los conceptos tradicionales de presencia y espacio más allá de lo físico. Los/as participantes de nuestra investigación, tanto profesionales que trabajan con familias transnacionales como las propias personas que componen estos hogares coinciden en dar más importancia a la calidad de las comunicaciones que a la frecuencia de estas. Según ellos/as, un buen intercambio, donde se da una buena comunicación e incluso pueden enfrentarse problemas en el caso de que se originen, se da cuando es un momento sin prisas, planificado y sincero.

En primer lugar, al referirse a una conversación "sin prisas" nuestros/as participantes hacen alusión a la necesidad de generar momentos que duren el tiempo suficiente como para que pueda propiciarse un contexto idóneo donde hablar y ser escuchados. Las palabras y los sentimientos no siempre surgen con facilidad. Se necesita tiempo tanto para elegir las palabras adecuadas para explicar lo que queremos expresar, como para hablar, procesar la información que nos facilita la persona con la que estamos conversando y poder reconocerla y darle valor.

Las personas necesitamos que nuestras experiencias sean reconocidas, y por ello, es importante tomarse tiempo para estar con el interlocutor al otro lado de la llamada y no minimizar o trivializar sus emociones y experiencias. Siempre que sea posible, conviene que las llamadas no sean precipitadas y que los interlocutores relaten sus sentimientos y experiencias desde la sinceridad. Aunque no siempre es sencillo, cuando nos permitimos mostrarnos vulnerables frente al otro podemos acercarnos al establecimiento de relaciones menos superficiales.

En cualquier comunicación, la disposición a hablar y a escuchar es crucial. Las cuidadoras y los/las líderes espirituales de nuestra investigación señalaban que los/as menores a menudo necesitan aprender a comunicarse con sus progenitores a distancia, ya que una buena comunicación implica ser consciente de los aspectos afectivos y relacionales del pensamiento y el sentimiento durante los procesos de contar y escuchar.

Por consiguiente, el hecho de que los intercambios sean planificados aporta tranquilidad a los miembros de la familia transnacional. Muchas veces, estas personas migrantes viven en el extranjero en situaciones precarias y, en un contexto en el que las políticas migratorias están registrando un endurecimiento gradual, saber cuándo se va a producir esa llamada puede ayudar a evitar sobresaltos innecesarios.

Finalmente, la sinceridad es clave para que las conversaciones familiares sean de calidad. Cuando las personas se sienten libres en las conversaciones para hablar de sus sentimientos, incluso cuando son difíciles, se transmite una sensación de cuidado y unidad que hace posible la intimidad en la familia. Y es que, como analizábamos, aunque con frecuencia pensemos que omitir información dolorosa puede ser un acto de cuidado, a la larga, con esto conseguimos que la comunicación acabe tornándose más superficial, más alejada de los afectos.

Para ir reflexionando

¿Qué otros hábitos podrían compartir los miembros de familias transnacionales en su rutina, además de los ya citados como comer a la vez o compartir el momento de hacer tareas escolares?

¿Qué beneficios puede conllevar hablar desde la sinceridad con los familiares?

¿Qué formatos comunicativos y tecnológicos pueden ayudar a propiciar una conversación familiar con un mayor nivel de intimidad y comodidad?

En este capítulo hemos analizado cómo, para mantener una conversación, hace falta no solo encontrar el momento idóneo para comunicar lo que queremos, sino también un momento en el que estemos preparados/as para recibir aquello que nos respondan, ¿de qué manera piensas que puede afectarnos la respuesta de la persona con la que conversamos?

8. Colaboración entre instituciones y familias transnacionales

F#16 (abuela de una nieta de 8 años cuyo padre emigró a los Estados Unidos hace un año): "Lo que aprende uno es que la vida hay que saberla enfrentar como le venga y uno tiene que hacerle frente a lo que le toque [...]. Tenemos más responsabilidades ahora, pero también somos más grandes y sabemos más cosas sobre como estar atentas a los niños y su entorno, y a quién pedirles ayuda si no nos vemos capaces".

E: "¿Qué consejo le daría a otra familia que tiene un padre o madre que se está yendo o quiere irse del país?"

F#16: "Lo único que puedo decirles a las personas que se van es que, si se quieren ir, que vean primero bien a la persona que le van a dejar sus hijos. Que sea una persona que se los aprecie, que se los ame, que no se los vaya a estar maltratando porque entonces sí es un sufrimiento grande para ellos".

Este intercambio encapsula la adaptabilidad que desarrollan las cuidadoras de los niños/as en ausencia de uno o ambos padres. La nueva configuración familiar es un desafío, pero también una oportunidad de ser un buen apoyo familiar, lo cual puede implicar buscar la ayuda de otras personas o profesionales. Esta abuela enfatiza la importancia de elegir cuidadosamente a la persona que cuidará a los/as niños/as, destacando el amor y la responsabilidad en la crianza, y que haya acuerdos claros con quién cuidará de los/las menores. Todo esto será importante para evitar sufrimientos en los menores y en los migrantes.

Como subraya cualquier modelo ecológico, las experiencias y dinámicas internas de una familia no son ajenas al contexto sociopolítico en el que se insertan (APA, 2017). Es útil recordar que la familia es una institución y, por lo tanto, es "instituida" a través de normas sociales, culturales y legales. La familia no es entonces una forma de estructurar las relaciones y los afectos intrínseca o necesaria a la naturaleza humana. Con este preámbulo, queremos recalcar que las decisiones, prácticas y hábitos (en el sentido de Bourdieu) de los ámbitos institucionales, ad-

ministrativos y políticos tienen un impacto decisivo sobre la construcción de la familia y su funcionamiento.

A lo largo de nuestra investigación, las y los participantes han hecho
hincapié en el rol central que tienen las instituciones como las escuelas,
los institutos de salud y prevención, y los ministerios y administraciones
locales dedicados a la promoción del bienestar familiar, la protección
de los menores, o la regulación de las migraciones en la promoción del
bienestar familiar. El mensaje implícito y, a nuestro entender, clave, que
las participantes quieren dar es que no quieren sentirse las únicas responsables del reto de hacer funcionar a la familia y mantenerla unida.
Este importante reto choca con la frecuente desatención de las instituciones públicas, las cuales raramente prestan servicios a los/as cuida-
dores/as de los/as menores de familias transnacionales o al bienestar y
formación de dichos cuidadores/as. Sin embargo, resulta significativo a
la hora de comprender la complejidad de las narraciones sociales acerca
de las familias transnacionales, cómo en algunos casos aislados, los/as
representantes de las escuelas tenían expectativas marcadamente negativas hacia estos menores. Dichos/as docentes han llegado incluso a
considerar que estos/as menores están destinados a unirse a maras o
pandillas delincuentes para poder suplir la falta de afectos y oportunidades que había causado la partida de sus madres.

El deseo de ser y sentirse ayudadas por las instituciones y de no ser
las únicas responsables del bienestar familiar explica la petición de las
cuidadoras de tener grupos de encuentro, discusión y formación dedicados a las familias transnacionales. De forma similar, los tres grupos de
profesionales que participaron en el estudio subrayaron que se sentían
poco preparados/as para ayudar a los/as menores, cuidadores/as y progenitores emigrados de las familias transnacionales. Por eso, recalcaron
la necesidad de recibir formaciones específicas. Además, sugirieron que
las entidades gubernativas tendrían que encargarse de la promoción y
coordinación de los cuidados y servicios dedicados a estas familias. Sobre todo, en las zonas rurales, la presencia de profesionales es menos
frecuente, como también sucede con los conocimientos de la población

sobre los servicios o recursos existentes para los menores, que no están tan extendidos. Por ejemplo, los psicólogos/as dijeron que sigue existiendo un fuerte estigma social hacia la solicitud de ayuda profesional en el ámbito de los servicios sociales o de la salud mental. Para solucionar este punto, el papel de los y las líderes religiosas es fundamental.

Hubo consenso, entre los/as participantes, sobre la importancia de incluir a los/as profesionales en el cuidado de las familias transnacionales, no solo por su trabajo directo con sus miembros, sino también por su capacidad de buscar el apoyo y recursos en instituciones locales, nacionales e internacionales. De la misma forma que los/as maestros/as podrían conocer organizaciones internacionales que den apoyo escolar y recursos materiales a familias que lo necesiten. Además, las instituciones pueden tejer redes de apoyo laicas y religiosas para las familias transnacionales. Por ejemplo, líderes de una congregación religiosa nos explicaron que existen redes de apoyo internas en la Iglesia a disposición de las familias en los países de origen y para los padres y madres migrantes, tanto a lo largo del camino migratorio como en el país de destino – principalmente en México y Estados Unidos. Según los testimonios de los/as participantes, estas redes nacionales e internacionales asisten a migrantes recién llegados/as en EE.UU., los cuales a menudo encuentran casa y trabajo a través de otros miembros de la congregación.

8.1 OFICINA PARA LAS PERSONAS MIGRANTES Y LAS FAMILIAS TRANSNACIONALES

Una interesante propuesta que fue elaborada en unos de los grupos focales, que guarda relación con la necesidad de crear redes que se ha mencionado, y también se centra en el campo psicoeducativo, fue la de instituir una oficina dedicada al cuidado del migrante y de las familias transnacionales. Dicho centro tendría una función psicoeducativa para reducir los riesgos asociados con la migración y el impacto en las familias cuando quien se va es el padre o madre de un menor. En particular, los/as migrantes pueden que no conozcan sus derechos internacionales o no sepan anticipar riesgos que pueden poner sus vidas en peligro. Incluso es muy útil que las personas migrantes sepan dónde están las casas de acogida, los centros especializados en la protección de las mujeres, las clínicas de salud y los centros de asistencia legal a lo largo del camino migratorio o en el país de destino.

Otro objetivo con el que podría cumplir esta oficina sería aquel de ayudar las familias transnacionales en el reto de mantener los vínculos familiares y de prevenir desacuerdos, tensiones y problemas afectivos dentro de la familia. En otras palabras, esta oficina se encargaría de anticipar las dificultades que pueden experimentar las familias transnacionales y que han sido descritas a lo largo de este libro. Cuando fuese posible, el personal de dicha oficina, al identificar posibles problemas podría trabajar en solucionarlos o podría encargarse de derivar a las familias o familiares a los/as profesionales, centros u organizaciones locales o internacionales oportunos, que puedan ofrecerles recursos sociales, psicológicos o educativos. De esta forma, el acompañamiento no vendría siempre proporcionado directamente por el personal de la oficina, sino también a través de las redes de recursos que estas oficinas o profesionales establezcan progresivamente a nivel local.

Es importante recalcar que la oficina no tendría el rol de fomentar o facilitar la emigración, sino de hacer que, dentro del marco de los derechos humanos y prestando atención a las dinámicas de género, esta sea más segura y su impacto resulte menos perjudicial tanto para quienes se van como para quienes se quedan. Idealmente, el centro que proponemos sería de carácter gubernamental y, por tanto, financiado a través de fondos públicos para dar una cierta continuidad al servicio. Sin embargo, algunos/as participantes tildaron esta iniciativa de utópica y sugirieron que estos servicios psicoeducativos y preventivos para las personas migrantes y las familias transnacionales podría ofertarse dentro de cada ayuntamiento. En esta opción alternativa, una persona formada en temas de migración y familias transnacionales podría formar parte de la plantilla del personal encargado de los servicios sociales, educativos o de salud.

8.2 LECCIONES APRENDIDAS

Como hemos detallado en el capítulo sobre la metodología de esta investigación, una de nuestras bases epistemológicas ha sido la participación de las personas entrevistadas en la generación del conocimiento. Este enfoque participativo ha sido diseñado desde dos vertientes que se han retroalimentado mutuamente: Primero, a través de discusiones y chequeos acerca de los fenómenos y dinámicas que afectan a las familias trasnacionales, buscamos interpretaciones que fueran lo más cercanas posibles a las experiencias de los/as participantes, para así evitar la imposición de significados desde la perspectiva del investigador/a. Segundo, relacionado con el afán de acercarnos al mundo de los/as participantes, les entendimos como auténticos expertos/as de los cambios y retos que afectan a las familias transnacionales.

Viéndolos como expertos y expertas, buscamos aprender de sus experiencias y sintetizar sus lecciones aprendidas. Así, la sabiduría que acumulaban resultó ser de utilidad para los/as profesionales que se enfrentan a este fenómeno, para los familiares que lo viven en primera persona y para las futuras familias transnacionales y padres y madres migrantes, para que puedan anticipar algunos de los retos más frecuentes. Al mismo tiempo, fuimos conscientes en todo momento del hecho de que cada contexto social, político y cultural tiene un rol fundamental en las vivencias de los familiares, de los/as migrantes y de los/as profesionales que trabajan con ellos y ellas.

Estas lecciones aprendidas fueron presentadas, elaboradas y discutidas en las entrevistas individuales a través de preguntas como: "¿Qué consejo le daría a otra persona en su mismo lugar o rol que se enfrenta por primera vez al fenómeno de la transnacionalidad familiar?" o "Si pudiera volver atrás en el tiempo, ¿qué cambiaría en su rol o en su forma de trabajar, a raíz de aquello que aprendió en su experiencia personal o profesional? Igualmente, en los grupos focales y los encuentros en línea con los/as participantes ahondamos en estas reflexiones y en la elaboración de las lecciones aprendidas, que reflejaron tanto los desafíos como los aprendizajes significativos que estas personas identificaron.

Lecciones aprendidas de las cuidadoras

A través de sus experiencias personales en tanto miembros de una familia transnacional, las mujeres (todas las participantes se identificaron con el sexo femenino) cuidadoras de menores con uno o ambos progenitores en el extranjero, reflexionaron sobre varios aprendizajes en el ámbito del bienestar, funcionamiento y cuidados familiares. A continuación, presentamos algunas de las lecciones más destacadas:

- **Valoración de la familia y el sacrificio:** Muchas participantes mencionaron que la experiencia de separación debido a la migración les ha enseñado a valorar más a su familia y el sacrificio que implica trabajar por un futuro mejor.

- **Impacto emocional de la separación:** La ausencia de un padre o madre puede tener un efecto profundo en los niños/as. Una madre relató que su hija, muy apegada a su padre, cayó en una depresión tras su partida, lo que le hizo darse cuenta de la importancia de la presencia paterna en la vida de los niños/as y de la responsabilidad que ella tenía en garantizar que la relación entre la hija y el padre se mantuviera fuerte a pesar de la distancia geográfica entre ellos.

- **Carga emocional y estrés en los cuidadores:** Las cuidadoras a menudo sienten una carga emocional significativa al asumir la responsabilidad total del cuidado de los niños/as. Varias madres mencionaron que la crianza y la educación recaen completamente sobre ellas, lo que puede llevar a momentos de estrés y frustración, afectando su relación con los hijos/as. En esos casos, es importante que estas mujeres no se descuiden a sí mismas, ya que la crianza es una responsabilidad grande que requiere apoyo y atención.

- **Adaptación al cambio**: A pesar de los desafíos, muchas participantes han encontrado formas de adaptarse a la nueva estructura familiar para seguir manteniendo los vínculos y afectos familiares a través de contactos frecuentes y de la aceptación de la responsabilidad, pero también, del placer de poder ser cuidadoras atentas. Por ejemplo, una abuela que cuidaba de sus nietos destacó la importancia de estar atenta al bienestar tanto personal como social de los niños, asegurándose de que su entorno fuese seguro. En este sentido, esta señora afirmaba: "Estoy atenta a ver qué está pasando en el círculo de los niños, verdad, porque uno tiene que estar pendiente".

- **Importancia de la comunicación**: La comunicación constante entre los miembros de la familia, a pesar de la distancia, es crucial. Los/as participantes mencionaron que conseguir mantener un contacto regular con los familiares que han migrado ayuda a mitigar la sensación de ausencia y a mantener la conexión emocional entre los miembros de la familia.

Lecciones aprendidas de los/las educadores/as

Las lecciones aprendidas por los/as participantes sobre cómo trabajar con las familias transnacionales en el contexto educativo incluyen varias estrategias y enfoques que buscan mejorar la atención y el apoyo a los niños afectados por la migración de sus padres. Estas lecciones reflejan un enfoque integral y ecológico (APA, 2017), que busca no solo atender las necesidades educativas y del desarrollo cognitivo de los niños/as, sino también su bienestar emocional y social en un contexto familiar marcado por la emigración de uno o ambos progenitores. A continuación, presentamos algunas de las lecciones más relevantes en este sentido:

- **Identificación y concientización**: Es fundamental identificar a los niños/as que provienen de familias transnacionales y comprender su contexto familiar. Esto puede lograrse a través de reuniones con padres, madres u otros familiares, y a partir de la implementación de herramientas como fichas familiares que ayuden a conocer la situación de cada hogar.

· **Escuelas de padres y madres:** Se sugiere establecer escuelas de padres/madres donde se aborden temas específicos relacionados con la migración y su impacto en las niñas/os. Estas reuniones pueden incluir la participación de especialistas que ayuden a los progenitores a comprender mejor la situación de sus hijos/as y a fomentar una comunicación efectiva.

· **Apoyo psicológico:** La necesidad de contar con apoyo psicológico en las escuelas es un tema recurrente. Se recomienda que los centros educativos tengan acceso a psicólogos/as que puedan trabajar con los niños/as y sus cuidadoras/es, ayudando a abordar las emociones y los cambios que surgen de la migración.

· **Currículo inclusivo:** Es importante adaptar el currículo escolar para incluir temáticas relacionadas con las familias transnacionales. Esto no solo ayuda a los niñas/os a sentirse representados, sino que también educa a sus compañeros/as sobre la diversidad de situaciones familiares que existen.

· **Uso responsable de la tecnología:** Los maestros/as que participaron en la investigación opinaron que, en su experiencia, el uso excesivo de la tecnología puede afectar negativamente a los niños/as. Por lo tanto, es crucial educar tanto a progenitores como a menores sobre el uso responsable de la tecnología y establecer límites adecuados.

· **Fomento de valores:** Las y los participantes destacaron la importancia de trabajar en la formación de valores en los niños/as. Algunos de los maestros/as estaban preocupados/as de que, en contextos donde la figura parental se encuentra físicamente ausente, los niños/as pueden recibir una educación familiar más laxa en cuanto a valores. En estos casos, los/as docentes recalcaron la importancia de la responsabilidad, el respeto y la comunicación efectiva.

- **Colaboración entre educadores/as y cuidadores/as:** Se enfatiza la necesidad de que las educadoras/es trabajen en conjunto con los cuidadores/as de las niñas/os, ya sean abuelas/os, tíos/as u otros familiares, para asegurar que haya una continuidad en la educación y el apoyo emocional que reciben los y las menores.

Lecciones aprendidas de los/las psicólogos/as

En el ámbito de la psicología y la salud mental, los/as participantes identificaron varias lecciones importantes de su trabajo con familias transnacionales. Las y los psicólogos trabajaban en centros de salud, servicios sociales de protección familiar y de los/as menores, escuelas privadas, centros de comunidad normalmente vinculados a parroquias o congregaciones religiosas y en ONG internacionales. A continuación, presentamos algunas de las lecciones aprendidas por estos/as profesionales:

- **Conocimiento del contexto familiar y social:** Es esencial entender el contexto en el que se encuentra el niño/a y su historia familiar. Esto permite a los/as profesionales comprender mejor el comportamiento y las emociones de las/los menores, ya que cada persona actúa en función de su situación particular. Dicho de otra forma, resulta difícil, e incluso improductivo, trabajar de forma generalizada, sin incorporar las idiosincrasias propias de cada familia, tanto los aspectos problemáticos como de las fortalezas de cada grupo.

- **Empatía:** La consecuencia directa del punto previo es que las psicólogas/os deben evitar los estereotipos e intentar ser lo más empáticas/os posible al interactuar con estas familias. Esto implica reconocer que las condiciones de vida de los niños/as pueden ser muy diferentes a las propias y que la separación de los progenitores puede ser un proceso doloroso para ellos/as y, al mismo tiempo, necesario para el futuro bienestar familiar.

- **Trabajo en equipo:** La colaboración con otros/as profesionales es crucial. Los psicólogos/as deben buscar apoyo de psiquiatras, trabajadores/as sociales y otros/as especialistas para abordar de manera integral las necesidades de las familias transnacionales.

- **Impacto de la migración en los niños/as:** La separación de los padres y madres debido a la migración puede causar problemas emocionales significativos en las niñas y niños, como inseguridades, ansiedad y problemas de conducta. Es fundamental abordar estos problemas de manera proactiva y, si posible y apropiado, buscando la colaboración de los familiares que cuidan de ellos/as.

- **Comunicación y preparación:** Es importante que los progenitores preparen a sus hijos/as para la migración y mantengan una comunicación abierta. Esto ayuda a los niños/as a entender la situación y a adaptarse mejor a los cambios.

- **Acceso a servicios de salud mental:** Existe una necesidad crítica de mejorar el acceso a servicios de salud mental para estas familias. Muchos no saben dónde acudir para recibir ayuda, lo que puede agravar los problemas emocionales. La visibilización, promoción y difusión de los servicios y la educación sobre el rol y función del psicólogo/a son instrumentos útiles para mejorar el acceso y para que las/os menores, progenitores y cuidadores/as se sientan más libres de los sesgos sociales y culturales que a menudo obstaculizan la búsqueda de apoyo psicológico profesional.

- **Educación y sensibilización:** En relación con el punto previo, los y las psicólogos/as reflexionaron sobre la importancia de trabajar en la educación y sensibilización de los cuidadores/as y la comunidad en general sobre la salud mental y el impacto de la migración. Esto puede ayudar a reducir el estigma y fomentar un entorno de apoyo para los niños/as y sus familias.

Lecciones aprendidas de los/las líderes religiosos/as

Los y las líderes de comunidades religiosas que participaron en la investigación tenían a veces roles formales (p.ej., sacerdote) y otras veces, informales (p.ej., organizadoras de grupos de lectura de la biblia). Independientemente de sus roles específicos dentro de las congregaciones o parroquias, esta población de participantes fue muy valiosa en la investigación porque es la que está en la primera línea de las relaciones y servicios de comunidad. En una sociedad fuertemente religiosa como la hondureña, las comunidades religiosas tienen las redes más vastas en el territorio y consiguen llegar a personas y familias que, si no, difícilmente tendrían otras formas de apoyo institucional. Aunque los comentarios y reflexiones de los/las líderes religiosos/as a veces estuvieron condicionados por juicios morales vinculados a visiones normativas de las familias, en la mayoría de los casos estas/os participantes describieron la migración como una necesidad y no como sencillamente una ambición personal, y se demostraron muy empáticos hacia los retos de las familias transnacionales.

- **Comunicación y desintegración familiar:** Para evitar el riesgo de quebrantamiento del núcleo familiar, los y las líderes religiosas subrayan que la comunicación entre los progenitores que están en el extranjero y los familiares que se quedan es fundamental. Sin embargo, la comunicación a menudo se rompe, lo que dificulta la relación y el apoyo emocional que los niños/as necesitan. Hablarse con frecuencia y constancia es esencial para evitar malentendidos y desconfianza y para reducir la probabilidad, por ejemplo, de infidelidades o la pérdida de la autoridad parental. Según estos/as participantes, dichos aspectos pueden resultar en una desintegración silenciosa y gradual de la familia.

- **Paciencia y amor:** Las/os líderes espirituales y educadores/as han aprendido que trabajar con niños/as de familias transnacionales requiere mucha paciencia y amor. Estos/as menores suelen ser más sensibles y necesitan un entorno de apoyo donde puedan recibir el cariño que, en algunos casos, les falta en casa.

· **Apoyo emocional y material:** Se ha destacado la necesidad de brindar apoyo emocional y material a los niños/as y a las familias. Esto incluye no solo la provisión de recursos básicos, sino también la atención a sus necesidades emocionales.

· **Empoderamiento de las mujeres y niñas/os:** Se ha aprendido que es crucial empoderar a las mujeres y a los/as menores en sus roles dentro de la familia. Esto implica trabajar en su autoestima y en su capacidad para enfrentar los desafíos que surgen de la separación. Las/os participantes han observado que, a pesar de las dificultades, algunas niñas/os logran adaptarse y prosperar. Esto se debe en parte al apoyo que reciben de sus comunidades y de los/as líderes espirituales, que actúan como figuras de referencia y apoyo.

8.3 REFLEXIONES FINALES

Esta investigación fue diseñada con una clave epistemológica constructivista y participativa, por el deseo de entender las construcciones del mundo con los ojos de los participantes, y así disminuir el riesgo de imponer una visión potencialmente autoritaria o colonial en nuestra interpretación de los datos. Además, basamos nuestro enfoque participativo en la idea de que los datos no los recogemos, como si fueran informaciones materiales preexistentes en las cabezas de los y las participantes, sino que son el resultado de negociaciones lingüísticas entre dichos participantes, que no están exentas de influencias sociales, políticas y culturales.

Por ejemplo, la propuesta de la Oficina para las personas migrantes y las familias transnacionales nace de las necesidades que hemos observado en el terreno y que las/los participantes nos transmitieron. Por otro lado, esta propuesta puede chocar con otros intereses o planes de las administraciones locales y nacionales, por lo que se convierte en una iniciativa que requiere necesariamente de un debate político, en el cual deberían primar las necesidades y la promoción del bienestar de las familias transnacionales, teniendo en cuenta que "Honduras es un país en el que el 54% de la población manifiesta su intención de emigrar" (Lupu et al., 2021, p. 25).

El trabajo de la Oficina para las personas migrantes y las familias transnacionales podría enriquecerse a partir de los hallazgos y reflexiones que presentamos en este libro. Entre los aspectos que tienen en común las lecciones que los y las participantes han aprendido, a través de sus experiencias personales o profesionales, subrayamos la importancia de la colaboración entre instituciones (familias, escuelas, centros de salud, servicios de asistencia social, instituciones religiosas, ONG, etc.) para la promoción del bienestar familiar y la prevención de problemáticas que podrían llevar a rupturas internas de la familia. Prácticas específicas, como la comprensión recíproca, la escucha activa y el diálogo atento y sincero aumentan la comunicación afectiva, el apoyo y, en general, el sentido de la familia entre sus miembros.

Otra de las conclusiones principales a la cual hemos llegado gracias a la colaboración con los/as participantes es que, en general, las personas, centros e instituciones que interactúan con las familias transnacionales se benefician de someter a prácticas reflexivas los posibles sesgos, estigmas o estereotipos que pueden tener – a veces inconscientemente – hacia estas familias. Siguen existiendo mitos y desinformaciones que derivan sobre todo del miedo a que los valores e ideas sobre la familia, que han sido tradicionalmente importantes en las sociedades democráticas, cambien al entrar en contacto con las migraciones. Por ejemplo, los/as profesionales temen que, a raíz de la emigración del padre/madre o ambos, se merme el apoyo afectivo de estos hacia sus hijos/as, que se entiende como positivo para el correcto desarrollo psicológico y social de los niños/as. Igualmente, las familias no transnacionales temen que se preste atención a las necesidades de los niños/as cuyos padres o madres han emigrado antes que a las de sus hijos/as, lo que genera un debate sobre el respeto de las diferencias. Sin quitar valor a la familia como institución central en la organización de las sociedades, el cuidado y el desarrollo, tanto físico como humano y psicológico, de los y las menores, es importante evitar confundir el rol de la familia con su estructura. En otras palabras, las familias transnacionales demuestran que es posible "ser familia" también en ámbitos y maneras, y a través de estructuras y organizaciones, que son diferentes a las tradicionales o a las que históricamente se han considerado válidas y normativas.

Esta propuesta de normalización y aceptación de la transnacionalidad familiar no quiere decir que no existan desafíos o emociones de dolor y pérdida cuando un padre y/o madre se van. Dichas problemáticas afectivas y relacionales tienen que ser escuchadas con cuidado y empatía. Sin embargo, la transnacionalidad de una familia no resulta necesariamente en una familia rota o desintegrada, y tampoco en niñas y niños destinados a ser futuros delincuentes. Si bien hemos escuchado los miedos de los/as participantes, estos nunca tuvieron que ver con su experiencia personal y directa, sino con casos anecdóticos que, aunque importantes, no representan a la población.

Junto con los/as participantes y sus lecciones aprendidas, es útil reflexionar sobre lo que las expectativas negativas hacia las familias transnacionales pueden conllevar para sus miembros, llegándose a convertir en profecías autocumplidas. Por ejemplo, los padres o madres que tuvieron que emigrar para dar más oportunidades a sus familias pueden sentirse culpables por haber abandonado a sus hijos e hijas; los educadores/as y psicólogos/as de los/las menores que sienten que no pueden colaborar con las familias porque están "rotas" pueden esforzarse menos en ayudar a sus alumnos/as o pacientes porque no esperan que puedan mejorar; los niños y niñas se pueden sentir ciudadanos "de segunda clase" y entonces con menos derechos, voz y poder que sus pares que tienen familias aparentemente "intactas". Estas dicotomías – p. ej., familia rota vs funcional; migrantes vs residentes originarios; padres o madres presentes vs. ausentes – han quedado ya anticuadas y, sobre todo, resultan contraproducentes para ayudar a las familias transnacionales, prevenir problemas y adaptarnos a una sociedad globalizada y diversa. Como hemos desarrollado en secciones anteriores, puede ser suficiente, por ejemplo, pensar en cómo los teléfonos móviles inteligentes o, en general, las nuevas tecnologías han cambiado la forma de estar o ser presentes en las relaciones sociales y afectivas.

Para ir reflexionando

¿Qué instituciones crees que están en condiciones, o deberían estarlo, para brindar apoyo a las personas que migran y a las familias que se quedan? ¿Y en el nuevo país al que acaban de llegar?

¿Se te ocurren formas de colaboración transnacional entre organizaciones para mejorar el bienestar de estas familias?

¿Hasta qué punto las políticas internacionales limitan o facilitan estas redes de apoyo?

¿Crees que un apoyo externo puede atenuar el dolor de la pérdida?

---

9. Conclusiones

A lo largo de este trabajo hemos querido acercarnos, con una mirada rigurosa y sensible, a las complejidades de las familias transnacionales, reconociendo que sus vivencias están marcadas tanto por dinámicas internas como por condicionantes estructurales y contextuales. Nuestra investigación se ha centrado en el occidente de Honduras, un territorio con una larga historia migratoria, sobre todo de mujeres, las cuales representan el 59,28% del total de emigrantes internacionales hondureños (superior a la media regional de 50,5%) (OIM, 2023). Esta elección no fue aleatoria: el contexto hondureño permite observar la forma en la que la inmigración influye en los vínculos y alianzas familiares, los roles de género, las responsabilidades cotidianas y las narrativas en torno al cuidado y la pertenencia.

Para abordar la experiencia migratoria de forma integral hemos recogido testimonios de las familias que se quedan y de las y los profesionales que trabajan con ellas: mientras las familias visibilizan las formas de cuidado, agencia y resistencia que emergen en situaciones de desigualdades endémicas (pobreza, precariedad laboral o acceso limitado a la educación y a otros recursos), las y los profesionales (psicólogas/os, educadoras/es y líderes religiosas/os) permiten profundizar nuestra comprensión sobre los retos de la intervención. Además, ponen de manifiesto la normalización de enfoques o actitudes que patologizan a las familias separadas, reforzando narrativas de abandono, ruptura y disfuncionalidad que influyen, a su vez, en la autopercepción de las familias. De ahí que hayamos conceptualizado la migración como un proceso multifactorial en el que intervienen numerosos actores sociales más allá de las personas que se van.

Otro aspecto destacable ha sido nuestra intención de hacer un libro accesible, pero manteniendo una base teórico-científica sólida. Lo hemos diseñado para un público amplio (estudiantes, profesionales, académicas/os, e incluso las propias familias transnacionales), sin renunciar al respaldo de investigaciones previas o de marcos teóricos que sustentaran tanto la recogida de datos que hemos llevado a cabo como su análisis e interpretación. Somos conscientes de las limitaciones que tiene nuestro estudio, no es fácil estudiar grupos a los que no se pertenece directamente, por ello, contar con un socio local ha sido fundamental; nos ha ayudado a aterrizar la pregunta de investigación y a contextualizar mejor muchos de nuestros hallazgos.

Además, contar con un equipo interdisciplinar en diálogo permanente – sociología, psicología, relaciones internacionales y comunicación – ha consolidado la pluralidad metodológica, analítica e interpretativa que ha sustentado nuestras conclusiones aplicables tanto para comprender las dinámicas de las familias transnacionales como para mejorar las prácticas profesionales asociadas. Si bien entendemos que todavía queda un largo recorrido hacia la comprensión integral de las familias transnacionales, esta publicación supone un primer paso para diseñar estrategias de intervención eficientes y sostenibles.

9.1 CAMBIOS Y PERPETUACIONES EN LA DINÁMICA FAMILIAR Y DE ROL DE GÉNERO

Nuestro enfoque metodológico y conceptual nos ha permitido afirmar que la experiencia de cuidado transnacional se construye en medio de realidades circunstanciales que atraviesan las vidas de las familias, como pueden ser la feminización de la migración, la precarización del trabajo de cuidados y unas políticas migratorias cada vez más restrictivas. Dichas dificultades influyen tanto en su cotidianidad como en la manera en la que les perciben las instituciones y las sociedades en las que participan. A la singularidad de cada caso y de cada familia (quién emigra, en qué condiciones y quién se queda atrás) se le unen las tensiones sociales y culturales que emergen en los varios escenarios sociopolíticos en los que se mueven (presencia de redes de apoyo, estereotipos sobre la migración y sobre la familia transnacional, apoyo institucional). Sin embargo, la migración no cambia todas las dinámicas familiares tradicionales de forma simultánea, ni del mismo modo para todas las personas involucradas. Por eso, insistimos en que las transformaciones de relaciones y de significados dentro de la familia no son ni lineales ni homogéneas. Lo que sí ocurre a nivel general es la necesidad de elaborar estrategias de adaptación constante, para resignificar y reordenar las relaciones y los roles que surgen en el contexto transnacional. No afirmamos que dicha adaptación sea la más eficiente o la mejor, pero sí que, de una forma u otra, está presente en todas las familias.

La tensión más común y la que requiere de mayores negociaciones suele ser la producida por las fuerzas ambivalentes en los roles de género y de responsabilidad dentro de aquellas familias transnacionales con personas dependientes (bien sea una dependencia económica, bien sea de cuidados). Por un lado, muchas familias migrantes reproducen esquemas tradicionales ya que, como hemos comprobado en nuestra investigación, las mujeres continúan siendo las principales proveedoras de cuidados a las y los menores que quedan atrás. Así, al igual que en los modelos tradicionales de familia nuclear, se refuerza la idea de que el cuidado es una responsabilidad femenina.

Sin embargo, la movilidad transnacional también abre un espacio de acción menos normativa. Hemos visto, por ejemplo, cómo algunas mujeres asumen el rol de proveedoras principales, lo que modifica su posición dentro de la familia y reta aquellos modelos tradicionales que prevalecían antes de la emigración. Pero queremos resaltar que, aunque los hombres sigan manteniendo un rol centrado en el sustento económico, sospechamos que aquellos que pudieran participar o estar más involucrados en los cuidados carecen de reconocimiento social. Recordemos que en las entrevistas individuales a cuidadoras y cuidadores, participaron tres hombres, pero que ninguno quiso formar parte de los grupos focales. Es posible que ellos prefieran minimizar su trabajo de cuidadores, precisamente por evitar potenciales lecturas que cuestionen su masculinidad. De todas formas, la participación masculina en los cuidados familiares es poco común y cuando ocurre, se entiende como temporal o excepcional, por lo que no llega a producir un cambio sostenido en las expectativas de género. Por todo ello, aunque la migración puede empoderar a las mujeres que migran en ciertos aspectos (al dotarles de autonomía económica y posibilitando sus propias tomas de decisiones) también refuerza la sobrecarga como cuidadoras de aquellas que se quedan a cargo de las y los menores.

Lejos de tratarse de una dicotomía entre continuidad y transformación, observamos cómo dicha realidad consiste en un complejo entramado de afectos, prácticas y discursos atravesados por relaciones de poder, estrategias de adaptación cotidiana y desigualdades estructurales. Así, aunque la migración no elimina las jerarquías de género, sí que genera condiciones para su cuestionamiento y renegociación.

9.2 LA IMPORTANCIA DE LA COMUNICACIÓN Y DE LAS NEGOCIACIONES: EL PAPEL DE LAS INSTITUCIONES

En el proceso de reconfiguración que conlleva la transnacionalidad, el diálogo familiar constituye una herramienta fundamental para sostener los lazos afectivos a pesar de la distancia. Hablar sobre las razones de la migración, compartir preocupaciones y vislumbrar juntos los planes de futuro permite resignificar la experiencia migratoria como parte de un proyecto familiar, y no como una ruptura. Una mayor apertura comunicacional ayuda a gestionar las emociones, a comprender las decisiones y, sobre todo, a mantener una conexión simbólica entre quienes se quedan y quienes se van. Dicha práctica no solo fortalece a la familia, sino que también permite que los actores comunitarios – como maestras, psicólogos o líderes espirituales – acompañen mejor a las y los menores y se involucren activamente en su bienestar emocional y educativo.

Las nuevas tecnologías facilitan la comunicación y constituyen un instrumento muy útil a la hora de propiciar un sentido de continuidad y de unidad familiar. No deben interpretarse como un sustituto secundario de la presencia física, sino como un entorno con códigos propios que posibilita prácticas de cuidado, intimidad y acompañamiento emocional. Las experiencias relatadas por las y los participantes han confirmado que la "presencia digital" puede generar espacios de conexión y cuidado significativos, que no solo complementan, sino que, en ocasiones, enriquecen las formas de vinculación emocional. Estas nuevas formas de conexión familiar digitalizada invitan a repensar los indicadores de cuidado y a revisar la asociación automática entre cercanía física y cuidado "auténtico". Desplazar el foco de lo físico a lo relacional nos acerca de manera más estrecha la realidad de los vínculos familiares en la sociedad contemporánea.

Desde una perspectiva más material, también hemos observado que las remesas, si bien son un soporte económico fundamental, no son siempre garantía de bienestar. Su gestión, su uso y las expectativas que generan pueden convertirse en fuente de tensiones familiares si no se abordan de manera clara y consensuada. En todos los casos que pudimos estudiar, las personas migraban con la promesa de mandar dinero para la mejora familiar y el cuidado de los y las menores, pero sin establecer condiciones o pautas específicas sobre su uso. Por ello, es importante establecer con las cuidadoras acuerdos realistas pero flexibles sobre el envío, el uso y la posible interrupción de estas transferencias de dinero. Involucrar a las y los menores en la comprensión de este proceso, cuando su edad lo permite, ayuda a reforzar su sentido de participación y agencia dentro del proyecto familiar.

En ese mismo marco negociador, resulta esencial formalizar los arreglos en torno al cuidado: asegurar la legalidad de las custodias temporales, prever alternativas en caso de emergencias y definir con claridad los roles y responsabilidades dentro del hogar, sobre todo para las cuidadoras, que afirmaron sentirse, en ocasiones, poco legitimadas. Lejos de imponer sistemas rígidos, se trata de generar parámetros relacionales que otorguen legitimidad a quienes se quedan al cuidado de las niñas y niños, y que refuercen los vínculos entre todos los miembros de la familia y su compromiso hacia el proyecto común.

Uno de los desafíos más delicados y de los menos estudiados desde la perspectiva de la familia que permanece en el país de origen es la reunificación. Para muchas familias, imaginar el reencuentro funciona como un ancla emocional que preserva la cohesión y da sentido a la migración del ser querido. Sin embargo, este horizonte debe construirse con flexibilidad, sin plazos rígidos y con significados compartidos por todas las personas involucradas. Esto es importante ya que "volver a estar juntos/as" puede significar cosas distintas para cada miembro: un regreso definitivo, un reencuentro puntual, una migración inversa. Alinear estas expectativas, sin imponerlas, es clave para evitar nuevas rupturas o frustraciones. Por ello, incluir activamente a las cuidadoras en este proceso de toma de decisiones no solo reconoce su rol esencial, sino que las empodera como agentes clave de la transición.

Sin ninguna duda el bienestar familiar no es un proceso meramente interno de la unidad familiar, sino que trasciende lo meramente doméstico: instituciones como las escuelas, asociaciones religiosas, administraciones locales y los centros que trabajan sobre la salud mental desempeñan un rol central en el apoyo a las familias transnacionales y la prevención de problemas internos. Las y los profesionales que participaron tanto en las entrevistas como en los grupos focales propusieron la creación de una Oficina de Atención a Familias Transnacionales con funciones duales:

- Protección de derechos de las personas migrantes (seguridad en tránsito y destino)
- Preservación de vínculos familiares (mediación comunicativa, prevención de tensiones y rupturas afectivas)

9.3 DESMONTANDO MITOS

El análisis de los cuidados en las familias transnacionales exige dejar de lado ciertos mitos e ideas estereotipadas sobre ellas y cuestionar aquellos discursos normativos que tienden a estigmatizar sus formas de organización, de cuidado mutuo y de afectos en la distancia. Uno de los mitos más persistentes es que las personas cuidadoras en origen, como abuelas, tías o hermanas mayores "sustituyen" a los padres o madres que emigran, como si el cuidado pudiera ser entendido solo en términos de roles fijos o presencia física. Esta mirada ignora la complejidad de los vínculos afectivos que se mantienen y transforman a distancia, así como la agencia de quienes participan en la reorganización familiar. Las madres y padres migrantes, aun estando lejos físicamente, continúan ejerciendo funciones parentales mediante diversos mecanismos – remesas económicas, comunicación constante, toma de decisiones que marcan la cotidianidad de la familia en el país de origen –, mientras que quienes quedan al cuidado de sus hijos/as no son simples reemplazos, sino parte de una red ampliada del cuidado.

Otro mito que hemos querido cuestionar es el de la migración como un evento individual que siempre fractura la familia. Pensar en las familias transnacionales como familias rotas o desestructuradas supone asumir la idea de familia como un grupo basado principalmente en la convivencia y la cohabitación como prueba de su cohesión, negando la posibilidad de que existan vínculos afectivos sólidos o funcionales más allá de la proximidad física. Aunque la migración no es un episodio sencillo y conlleva numerosos retos e incertidumbres, apostamos por concebir la transnacionalidad en su dimensión más productiva, es decir, como un proyecto complejo pero colectivo, donde cada miembro, desde su perspectiva, contribuye a mantener los lazos afectivos, económicos y organizativos que definen su pertenencia familiar. Lejos de estar desintegradas, muchas de estas familias transnacionales despliegan una gran capacidad de reorganización, resiliencia y creatividad para sostener relaciones intergeneracionales, mantener los cuidados y garantizar el bienestar de sus integrantes a pesar de la separación y a pesar de los sistemas económicos, legales y sociales que dificultan la reproducción cotidiana de la vida.

Vinculado estrechamente a la anterior idea, el mito de la hija o hijo de madre o padre emigrante como una víctima es altamente problemático. Reducir sus vivencias a narrativas de abandono simplifica de forma peligrosa una realidad que es mucho más diversa. Si bien la separación puede implicar dolor y desafíos, incluso abandono en algunos casos, también puede abrir nuevas posibilidades de vinculación afectiva, redistribución de afectos y redefinición de los roles familiares. Estas niñas y niños no son sujetos pasivos ni inherentemente vulnerados por ser hijas e hijos de migrantes. Son actores sociales constructores de sentidos, que se adaptan a las nuevas configuraciones y que pueden mantener lazos significativos con sus progenitores migrantes, como cualquier otro hijo/a. Si son propensos a la vulnerabilidad, lo son sobre todo por las condiciones estructurales en las que viven, que son las mismas que fuerzan a sus progenitores a emigrar: pobreza, inseguridad física, inseguridad alimentaria, falta de recursos, etc. El reconocimiento de las familias transnacionales como modelos legítimos y viables permite avanzar hacia una comprensión más justa, plural y contextualizada de las prácticas de cuidado y de los afectos durante la movilidad.

Para concluir, nuestros hallazgos y observaciones sugieren que las dinámicas que se producen cuando una familia se vuelve transnacional también dejan espacio a prácticas y sentimientos de cuidado y unidad en la familia. Si bien es cierto, que estas requieren estrategias más complejas o menos normativas para sostener los vínculos afectivos y las relaciones más allá de la convivencia física. Por eso, la pregunta fundamental que nos tenemos que hacer no es *cuáles son los retos y problemas que enfrenta una familia transnacional*, sino *qué es lo que esta familia y sus miembros pueden llegar a ser.*

10. Referencias bibliográficas

Abuelafia, E., Ruiz-Arranz, M. & Del Carmen, G. (2019). *Tras los pasos del migrante: perspectivas y experiencias de la migración de El Salvador, Guatemala y Honduras en Estados Unidos*. Banco Interamericano de Desarrollo (BID). http://dx.doi.org/10.18235/0002072

Acedera, K. F., & Yeoh, B. S. A. (2022). The intimate lives of left-behind young adults in The Philippines: Social-media, gendered intimacies, and transnational parenting. Journal of Immigrant and Refugee Studies, 20(2), 206–219. https://doi.org/10.1080/15562948.2022.2044572

Ahmed, S. (2004). *The Cultural Politics of Emotion*. London: Routledge.

Ambrosini, M. (2015). Parenting from a distance and processes of family reunification: A research on the Italian case. Ethnicities, 15(3), 440–459. https://doi.org/10.1177/1468796814547059

American Psychological Association (APA) (2017). *Multicultural guidelines: An ecological approach to context, identity, and intersectionality* [*Directrices multiculturales: Un enfoque ecológico del contexto, la identidad y la interseccionalidad*]. APA. https://www.apa.org/about/policy/multicultural-guidelines

Anthias, F. (2013). Hierarchies of social location, class and intersectionality: Towards a translocational frame. *International Sociology*, 28(1), 121–138. https://doi.org/10.1177/0268580912463155

Apatinga, G. A., Kyeremeh, E. K., & Arku, G. (2022). 'Feminization of migration': The implications for 'left-behind' families in Ghana. *Migration and Development*, 11(1), 83–100. https://doi.org/10.1080/21632324.2019.1703283

Ayika, D., Dune, T., Firdaus, R., & Mapedzahama, V. (2018). A qualitative exploration of post-migration family dynamics and intergenerational relationships. *SAGE Open*, 8(4). https://doi.org/10.1177/2158244018811752

Azpuru, D., Rodríguez, M. & Zechmeister, E. J. (2018). *The Political Culture of Democracy in Guatemala and in the Americas, 2016/17: A Comparative Study of Democracy and Governance*, 5-40. USAID, LAPOP, Barómetro de las Américas. https://www.vanderbilt.edu/lapop/guatemala/AB2016-17_Guatemala_Executive_Summary_English_V5_04.04.18_W_042018.pdf

Baldassar, L. (2015). Guilty feelings and the guilt trip: Emotions and motivation in migration and transnational caregiving. *Emotion, Space and Society, 16*, 81–89. https://doi.org/https://doi.org/10.1016/j.emospa.2014.09.003

Baldassar, L., Baldock, C. V. & Wilding, R. (2007). *Families caring across borders: Migration, ageing and transnational caregiving.* Palgrave Macmillan.

Baldassar, L., Kilkey M.; Merla, L. & Wilding, R. (2014). Transnational Families. En J. Treas, J. Scott & M. Richards (Eds.). *The Wiley-Blackwell Companion to the Sociology of Families* (pp. 155–175). Wiley-Blackwell. http://hdl.handle.net/2078.1/142034

Banco Central de Honduras (2023). *Honduras en Cifras* 2023. Banco Central de Honduras. Recuperado el 10 de mayo de 2024, de https://www.bch.hn/

Banco Mundial (2021) *Gender-Based Violence Country Profile:Honduras (English).* Washington, D.C.: World Bank Group. http://documents.worldbank.org/curated/en/099053023161529535/P1769790ecd944030af89085531f17f37b

Belford, N., & Lahiri-Roy, R. (2019). (Re)negotiating transnational identities: Notions of 'home' and 'distanced intimacies.' *Emotion, Space and Society, 31*, 63–70. https://doi.org/10.1016/J.EMOSPA.2018.11.004

Best, C. (2014). Kinship care and transnational parenting: The intersection of cultural values and practices. *Journal of Family Social Work, 17*(2), 119–135. https://doi.org/10.1080/10522158.2014.881731

Boccagni, P. (2012). Practising motherhood at a distance: Retention and loss in Ecuadorian transnational families. *Journal of Ethnic & Migration Studies, 38*(2), 261–277. https://doi.org/10.1080/1369183X.2012.646421

Boccagni, P., & Baldassar L. (2015). Emotions on the move: Mapping the emergent field of emotion and migration. *Emotion, Space and Society, 16*, 73-80. http://dx.doi.org/10.1016/j.emospa.2015.06.009

Bonizzoni, P. (2012). Maternità in transito: Negoziare le geografie familiari in uno scenario transnazionale [Maternidad en tránsito: Negociando geografías familiares en un escenario transnacional]. *Rassegna Italiana di Sociologia, 53*(4), 601–629. https://doi.org/10.1423/38849

Bonizzoni, P. (2015). Here or there? Shifting meanings and practices in mother-child relationships across time and space. International Migration, 53(6), 166–182. https://doi.org/10.1111/imig.12028

Braidotti, R. (2013). *The posthuman.* Polity Press.

Braun, V., & Clarke, V. (2019). Reflecting on reflexive thematic analysis. *Qualitative Research in Sport, Exercise and Health*, *11*(4), 589–597. https://doi.org/10.1080/2159676X.2019.1628806

Bruhn, S., & Oliveira, G. (2022). Multidirectional carework across borders: Latina immigrant women negotiating motherhood and daughterhood. Journal of Marriage and Family, 84(3), 691–712. https://doi.org/10.1111/jomf.12814

Bryant, J. (2007). *Children and International Migration*. Mahidol University: Institute for Population and Social Research.

Bryceson, D., & Vuorela, U. (2002). *The transnational family: New European frontiers and global networks*. Berg.

Cabanes, J. V. A., & Acedera, K. A. F. (2012). Of mobile phones and mother-fathers: Calls, text messages, and conjugal power relations in mother-away Filipino families. New Media & Society, 14(6), 916–930. https://doi.org/10.1177/1461444811435397

Canales, A. I. (2017). La migración internacional en los modelos neoclásicos. Una perspectiva crítica. *Huellas de La Migración*, *2*(3). https://huellasdelamigracion.uaemex.mx/article/view/4527

Carling, J. (2014). Scripting remittances: Making sense of money transfers in transnational relationships. *International Migration Review*, *48*, 218-262. https://doi.org/10.1111/imre.12143

Carling, J., Menjívar, C., & Schmalzbauer, L. (2012). Central Themes in the Study of Transnational Parenthood. *Journal of Ethnic & Migration Studies*, *38*(2), 191–217. http:// doi.org/10.0.4.56/1369183X.2012.646417

Castles, S. (1998). Globalization and migration: some pressing contradictions. *International Social Science Journal, 50*(*156*)*, 179–186*. doi:10.1111/1468-2451.00122

Cienfuegos Illanes, J. (2010). Migrant mothers and divided homes: Perceptions of immigrant Peruvian women about motherhood. Journal of Comparative Family Studies, 41(2), 205–224. https://doi.org/10.3138/jcfs.41.2.205

City Population (2023). *Santa Rosa de Copán*. City Population. Recuperado el 10 de mayo de 2024, de https://www.citypopulation.de/en/honduras/admin/cop%C3%A1n/0401__santa_rosa_de_cop%C3%A1n/

Comisión Económica para América Latina y el Caribe (CEPAL) (2018). *Oportunidades y desafíos para la autonomía de las mujeres en el futuro cer-*

cano. Naciones Unidas. https://repositorio.cepal.org/bitstream/handle/11362/44408/4/S1801209_es.pdf

Consejo Hondureño de la Empresa Privada (2022). *Boletín del mercado laboral: Edición género*. COHEP. https://edgnrfnyp05.exactdn.com/wp-content/uploads/2022/08/Boletin-Mercado-Laboral-Edicion-Genero.pdf

Delgado Sarasty, M. E. (2024). *Revisión sistemática de literatura sobre las tipologías y funcionamientos de las familias en Latinoamérica*. Trabajo Final de Grado, Universidad CESMAG. http://repositorio.unicesmag.edu.co:8080/xmlui/handle/123456789/1144

Della Puppa, F. & Ambrosini, M. (2021). 'Implicit' remittances in family relationships: The case of Bangladeshis in Italy and beyond. *Global Networks, 15*(4), 503-518. https://doi.org/10.1111/glob.12075

Dito, B. B., Mazzucato, V., & Schans, D. (2017). The Effects of Transnational Parenting on the Subjective Health and Well-Being of Ghanaian Migrants in the Netherlands. *Population, Space and Place, 23*(3), e2006. https://doi.org/https://doi.org/10.1002/psp.2006

Dreby, J. (2006). Honor and virtue: Mexican parenting in the transnational context. Gender and Society, 20(1), 32–59. http://www.jstor.org/stable/27640865

Dreby, J. (2010). *Divided by borders*. University of California Press.

Dreby, J. (2015). U.S. immigration policy and family separation: The consequences for children's well-being. Social Sci- ence & Medicine, 132, 245–251. https://doi.org/10.1016/j.socscimed.2014.08.041

Epting, F. R. (1984). *Personal construct counseling and psychotherapy*. John Wiley & Sons.

Fernández-Pinto, I., Santamaría, P., Sánchez-Sánchez, F., Carrasco, M. A. & del Barrio, V. (2015). *SENA. Sistema de Evaluación de Niños y Adolescentes. Manual técnico*. Madrid: TEA Ediciones.

Foucault, M. (1976). *The history of sexuality, Vol. 2: The use of pleasure*. Vintage.

Foucault, M. (1980). *The confession of the flesh*. In C. Gordon (Ed.), *Power/knowledge: Selected interviews and other writings, 1972–1977* (pp. 194–228). Pantheon Books. (Original work published 1977).

Fuentes Gutiérrez, V., & Agrela Romero, B. (2018). Circuitos de precariedad de las cuidadoras bolivianas en España: implicaciones familiares y supervi-

vencias transnacionales. *Migraciones Internacionales, 9*(3), 121–144. https://
doi.org/10.17428/rmi.v9i34.348

Fuller-Iglesias, H. R. (2015). The view from back home: interpersonal dynamics
of transnational Mexican families. *Journal of Ethnic and Migration Studies,
41*(11), 1703–1724. https://doi.org/10.1080/1369183X.2015.1022518

Gao, R., & Sacchetto, D. (2023). Constructing a transnational childcare brico-
lage: Chinese migrant families in Italy coordinating transnational mobility
and childcare. *European Societies, 25,* 1-28. https://doi.org/10.1080/14616696
.2023.2267638

Gemignani, M., & Burr, V. (2024). Constructing constructions of relational
knowledge: Suggestions for a narrative-discursive analysis. En E. Tseliou, C.
Demuth, E. Georgaca & B. Gough (Eds.), *The Routledge International Handbook of Innovative Qualitative Psychological Research* (pp. 64–75). Routledge. https://doi.org/10.4324/9781003132721-8

Gemignani, M., Hernández-Albújar, Y., & Sládková, J. (2024). Theoretical intro-
duction: Subjectivity, reflexivity, and affectivity as research processes. En
M. Gemignani, Y. Hernández-Albújar, & J. Sládková (Eds.), *Migrant scho-
lars researching migration: Reflexivity, subjectivity and biography in research*
(pp.1-8). Routledge. https://doi.org/10.4324/9781003225195

Gergen, K. J. (2009). *Relational being: Beyond self and community.* Oxford, UK:
Oxford University Press.

Gregg, M., & Seigworth, G. J. (Eds.). (2010). *The affect theory reader.* Duke University Press. https://doi.org/doi:10.1515/9780822393047

Griffiths, M. B. E. (2014). Out of Time: The Temporal Uncertainties of Refused
Asylum Seekers and Immigration Detainees. *Journal of Ethnic and Migration
Studies,* 40(12), 1991–2009. https://doi.org/10.1080/1369183X.2014.907737

Hernández Cordero, A. L. (2016). Cuidar se escribe en femenino: Redes de
cuidado familiar en hogares de madres migrantes. *Psicoperspectivas, 15*(3),
46–55. https://doi.org/10.5027/PSICOPERSPECTIVAS-VOL15-ISSUE3-FULL-
TEXT-784

Hernández-Albújar, Y., Gemignani, M., Larrinaga-Bidegain, N., Ruiz Aranda, D.,
& Accerenzi, M. (2024). Familias y migraciones: Cuidando y aprendiendo
de las familias transnacionales y de los profesionales que trabajan con ellas.
https://doi.org/http://dx.doi.org/10.13140/RG.2.2.22217.97123

Hochschild, A. R. (2000). Global care chains and emotional surplus value. En W. Hutton y A. Giddens (Eds.), *On the Edge: Living with Global Capitalism*, (pp.130–146). Jonathan Cape.

Hondagneu-Sotelo, P., & Avila, E. (1997). "I'm here, but I'm there": The meanings of Latina transnational motherhood. Gender & Society, 11(5), 548–571. https://doi.org/10.1177/089124397011005003

Horton, S. (2009). A mother's heart is weighed down with stones: A phenomenological approach to the experience of transnational motherhood. *Culture, Medicine, and Psychiatry, 33*(1), 21–40. https://doi.org/10.1007/s11013-008-9117-z

Human Rights Watch (2021). *Honduras: Eventos de 2020.* Human Rights Watch. Recuperado el 8 de mayo de 2024, de https://www.hrw.org/world-report/2021/country-chapters/honduras

Human Rights Watch (2023). *Honduras: Eventos de 2022.* Human Rights Watch. Recuperado el 10 de mayo de 2024, de https://www.hrw.org/es/world-report/2023/country-chapters/honduras

Institución Nacional de Estadística (INE) & Organización Internacional para las Migraciones (OIM) (2023). *Encuesta Nacional de Migración y Remesas, Honduras 2023.* INE & OIM. https://infounitnca.iom.int/descargas/migracion-y-remesas/enmr-2023/

Instituto Nacional de Estadística de Honduras (INE) (2013). *Honduras: Proyecciones de población por departamento 2013-2030,10.* INE. https://www.ine.gob.hn/publicaciones/Censos/Censo_2013/10Tomo-X-Proyecciones-de-Poblacion-Depto/Cuadros%20xls/17.pdf

Keller, A., Joscelyne, A., Granski, M., & Rosenfeld B. (2017). Pre-Migration Trauma Exposure and Mental Health Functioning among Central American Migrants Arriving at the US Border. *PLoS ONE, 12*(1) https://doi.org/10.1371/journal.pone.0168692

Langford, M. (2017). Interdisciplinarity and multimethod research. En B. Andreassen, H.O. Sano & S. McInerney-Lankford (Eds.), *Research Methods in Human Rights: a Handbook* (pp. 161-191). Edward Elgar Publishing.

Larrinaga-Bidegain, N., Gemignani, M., & Hernández-Albújar, Y. (2024). Parents who migrate without their children: Gendered and psychosocial reconfigurations of parenting in transnational families. *Journal of Family Theory & Review*, 1–28. https://doi.org/10.1111/jftr.12577

Larrinaga-Bidegain, N., Hernández-Albújar, Y. & Gemignani, M. (2025). Honduran Transnational Families: Experiences of Women Caring for Children of Migrant Parents. *International and Multidisciplinary Journal of Social Sciences,* Online First – First Published on 22th January 2025, pp. 1-19. http://dx.doi.org/10.17583/rimcis.14782

Leifsen, E., & Tymczuk, A. (2012). Care at a distance: Ukrainian and Ecuadorian transnational parenthood from Spain. Journal of Ethnic and Migration Studies, 38(2), 219–236. https://doi.org/10.1080/1369183X.2012.646419

Liu, Y., & Erwin, L. (2015). Divided motherhood: Rural-to-urban migration of married women in contemporary China. *Journal of Comparative Family Studies, 46*(2), 241–263. https://doi.org/10.3138/jcfs.46.2.241

López Montaño, L. M. (2011). Proyecto familiar y familia en situación de transnacionalidad en Colombia. *Revista Latinoamericana de Estudios de Familia, 3,* 127-145. https://revistasojs.ucaldas.edu.co/index.php/revlatinofamilia/article/view/5073

Lupu, N., Rodriguez, M. & Zechmeister, E. J. (2021). *El pulso de la democracia: Informe 2021 del Barómetro de las Américas.* TN: LAPOP. https://www.vanderbilt.edu/lapop/ab2021/2021_LAPOP_AmericasBarometer_2021_Pulse_of_Democracy_SPA.pdf

Madianou, M. (2016). Ambient co-presence: Transnational family practices in polymedia environments. Global Net- works, 16(2), 183–201. https://doi.org/10.1111/glob.12105

Madianou, M. (2019). Migration, transnational families, and new communication technologies. En J. Retis y R. Tsagarousianou (Eds.), *The handbook of diasporas, media, and culture,* (pp. 577-590). Wiley-Blackwell.

Mahler, S. J., & Pessar, P. R. (2001). Gendered geographies of power: Analyzing Gender Across Transnational Spaces. *Identities, 7*(4), 441-459, DOI: 10.1080/1070289X.2001.9962675

Massey, D. S. (1990). Social structure, household strategies, and the cumulative causation of migration. *Population Index, 56* (1), 3–26. https://doi.org/10.2307/3644186.

Mazzucato, V., & Schans, D. (2011). Transnational families and the well-being of children: Conceptual and methodological challenges. *Journal of Marriage and Family, 73*(4), 704–712. https://doi.org/10.1111/j.1741-3737.2011.00840.x

McCallum, D. G. (2019). Untold stories: Jamaican transnational mothers in New York City. *Migration Studies*, *7*(4), 409–432. https://doi.org/10.1093/migration/mny017

Menjívar, C. (2014). Immigration law beyond borders: externalizing and internalizing border controls in an era of securitization. *Annual Review of Law and Social Science*, *10*, 353–369. http://dx.doi.org/10.1146/annurev-lawsocsci-110413-030842

Micolta León, A., & Escobar Serrano, M. C. (2010). Si las abuelas se disponen a cuidar, madres y padres pueden emigrar. *Revista Venezolana de Estudios de la Mujer*, *15*(35). Centro de Estudios de la Mujer. https://ve.scielo.org/scielo.php?script=sci_arttext&pid=S1316-37012010000200006&lng=es&nrm=iso&tlng=es

Micolta León, A., & García Vásquez, G. A. (2011). Parentalidad y autoridad: Un reto en el contexto de la migración internacional. *Prospectiva. Revista de Trabajo Social e Intervención Social*, *16*, 257–287. https://dialnet.unirioja.es/servlet/articulo?codigo=5857503

Molina, R. S. (2015). Caring while missing children's infancy: Transnational mothering among Honduran women working in Greater Washington. *Human Organization*, *74*(1), 62–73. https://doi.org/10.17730/humo.74.1.p4569-732p644p601

Montes, V. (2013). The Role of Emotions in the Construction of Masculinity: Guatemalan Migrant Men, Transnational Migration, and Family Relations. *Gender and Society*, *27*(4), 469–490. https://doi.org/10.1177/0891243212470491

Morad Haydar, M.P., Bonilla Vélez, G. & Rodríguez López, M. (2011). Familias desde el vivir transnacional: cambios y permanencias en la cotidianidad de las formas familiares en Colombia. En F. J. García Castaño y N. Kressova (Coords.) *Actas del I Congreso Internacional sobre Migraciones en Andalucía*, (pp. 2041-2052). Instituto de Migraciones. https://dialnet.unirioja.es/servlet/articulo?codigo=4050074

Morokvasic, M. (1984). Birds of Passage are also Women... *The International Migration Review*, *18*(4), 886-907. https://doi.org/10.2307/2546066

Organización de las Naciones Unidas para la Alimentación y la Agricultura (FAO) (2021). *Honduras: Plan de Respuesta Humanitaria 2021-2022*. FAO. Recuperado el 20 diciembre de 2024, de https://openknowledge.fao.org/server/api/core/bitstreams/da0d2159-a7e4-4810-8a16-fe7889g299ca/content

Organización Internacional para las Migraciones (OIM) & Fondo de las Naciones Unidas para la Infancia (UNICEF) (2016). *Sueños rotos: El peligroso viaje de los niños centroamericanos a Estados Unidos.* https://roatan.iom.int/sites/g/files/tmzbdl1461/files/documents/suenos_rotos_informe.pdf

Organización Internacional para las Migraciones (OIM) (2023). *Estrategia de la OIM para Honduras 2024 – 2026.* OIM. Recuperado el 11 de noviembre de 2024, de https://nortedecentroamerica.iom.int/sites/g/files/tmzbdl1276/files/documents/2023-11/oim_estrategia-final-rev-hn-2024-2026_0.pdf

Organización Internacional para las Migraciones (OIM) (2024). *World Migration Report 2024.*

Organización Internacional para las Migraciones (OIM). (2019). *Glossary on Migration.* OIM, *34*, *1-248.* https://www.iom.int/es/definicion-de-la-oim-del-termino-migrante

Padilla, R. (1993). Using dialogical research methods in group interviews. En D. L. Morgan (Eds.), *Successful Focus Groups: Advancing the State of the Art.* (pp. 153-166). SAGE Publications, Inc., https://doi.org/10.4135/9781483349008

Paerregaard, K. (2015), The resilience of migrant money: how gender, generation and class shape family remittances in Peruvian migration. *Global Networks, 15,* 503-518. https://doi.org/10.1111/glob.12075

Parella Rubio, S. (2012). Familia transnacional y redefinición de los roles de género. El caso de la migración boliviana en España. *Papers: Revista de Sociología, 97(3),* 661–684. https://raco.cat/index.php/Papers/article/view/255855

Parella Rubio, S. (2007). Los vínculos afectivos y de cuidado en las familias transnacionales: Migrantes ecuatorianos y peruanos en España. Migraciones Internacionales, 4(2), 151–188. https://doi.org/10.17428/rmi.v4i13.1170

Parke, R. D., & Cookston, J. T. (2021). Transnational fathers: New theoretical and conceptual challenges. *Journal of Family Theory & Review, 13*, 266–282. https://doi.org/10.1111/jftr.12392

Peng, Y., & Wong, O. M. H. (2016). Who takes care of my left-behind children? Migrant mothers and caregivers in transnational childcare. *Journal of Family Issues, 37*(14), 2021–2044. https://doi.org/10.1177/0192513X15578006

Pérez Gañán, R., & Neira Molina, A. (2017). Las abuelas de la migración: Cuidados, reciprocidad y relaciones de poder en la familia transnacional (Migration's grandmothers: caregiving, reciprocity, and power relations within the transnational family). *Migraciones*, (41), 55–77. https://doi.org/10.14422/mig.i41.y2017.003

Phoenix, A. (2011). Transforming "non-normative" motherhood: Retrospective accounts of transnational motherhood in serial migration. *Radical Psychology: A Journal of Psychology, Politics & Radicalism*, 9(2), 7.

Pinillos Guzmán, M. (2020). Configuraciones de la familia en su diversidad. *El Ágora USB*, 20(1), 275-288 DOI: 10.21500/16578031.4197.

Programa de las Naciones Unidas para el Desarrollo (PNUD) (2021). *Informe sobre Desarrollo Humano 2020. La próxima frontera: El desarrollo humano y el Antropoceno*. PNUD. Recuperado el 9 de mayo de 2024, de https://policycommons.net/artifacts/3412159/informe-sobre-desarrollo-humano-2020/4211520/.

Redmond, M., & Martin, B. (2023). All in the (Definition of) Family: Transnational Parent–Child Relationships, Rights to Family Life, and Canadian Immigration Law. Journal of Family Issues, 44(3), 766–784. https://doi.org/10.1177/0192513X211054461

Renner, A., Schmidt, V., & Kersting, A. (2024). Migratory grief: a systematic review. *Frontiers in Psychiatry*, 15, 1303847. https://doi.org/https://doi.org/10.3389/fpsyt.2024.1303847

Roelvink, G., & Zolkos, M. (2015). Affective ontologies: Post-humanist perspectives on the self, feeling and intersubjectivity. *Emotion, Space and Society*, 14(1), 47–49. https://doi.org/10.1016/j.emospa.2014.07.003

Salazar Parreñas, R. (2005a). Long distance intimacy: Class, gender and intergenerational relations between mothers and children in Filipino transnational families. *Global Networks*, 5(4), 317-336. https://doi.org/10.1111/j.1471-0374.2005.00122.x

Salazar Parreñas, R. (2005b). The gender paradox in the transnational families of Filipino migrant women 1. *Asian and Pacific Migration Journal*, 14(3), 243-268. https://doi.org/10.1177/011719680501400301

Salazar Parreñas, R. (2006). *Children of Global Migration: Transnational Families and Gendered Woes*. Ateneo de Manila University Press.

Salazar Parreñas R. (2008). Transnational fathering: gendered conflicts, distant disciplining and emotional gaps. *Journal of Ethnic and Migration Studies*, 34(7), 1057-1072. https://doi.org/10.1080/13691830802230356

Salazar Parreñas, R. (2015). *Servants of globalization: migration and domestic work*. Stanford University Press.

Sanchís, N. (2020). Ampliando la concepción de cuidado: ¿privilegio de pocxs o bien común? En J. Mondini & M. Iturriza (Eds.), *El cuidado comunitario en tiempos de pandemia... y más allá*. (pp. 9-21). Asociación LolaMora Investigación y Capacitación para la Acción.

Sandoval, C. (2000). *Methodology of the Oppressed*. University of Minnesota Press. http://www.jstor.org/stable/10.5749/j.ctv322v3qc

Schmalzbauer, L. (2004). Searching for wages and mothering from afar: The case of Honduran transnational families. *Journal of Marriage and Family, 66*(5), 1317–1331. https://www.jstor.org/stable/3600342

Sternberg, R. M., & Barry, C. (2011). Transnational mothers crossing the border and bringing their health care needs. *Journal of Nursing Scholarship, 43*(1), 64–71. https://doi.org/10.1111/j.1547-5069.2010.01383.x

Telve, K. (2019). Family involved or left behind in migration? A family-centred perspective towards Estonia-Finland cross-border commuting. Mobilities, 14(5), 715–729. https://doi.org/10.1080/17450101.2019.1600885

Temin, M., Montgomery M. R., Engebretsen S. & Barker, K.M. (2013). *Girls on the Move: Adolescent Girls & Migration in the Developing World*. A *Girls Count* Report on Adolescent Girls. New York: Population Council. https://doi.org/10.31899/pgy11.1007

Tungohan, E. (2013). Reconceptualizing motherhood, reconceptualizing resistance: Migrant domestic workers, transnational hyper-maternalism and activism. *International Feminist Journal of Politics, 15*(1), 39–57. https://doi.org/10.1080/14616742.2012.699781

Veale, A., & Andres, C. (2020). The role of the imagination in transnational relating: The case of Nigerian children and their migrant parent in Ireland. *Culture & Psychology, 26*(4), 749–767. https://doi.org/10.1177/1354067X20922136

Weller, F. (2015). *The wild edge of sorrow*. North Atlantis Books.

Wikimedia Commons (2010). Honduras Regions map [Archivo de mapa] En Wikipedia. Recuperado el 16 de diciembre de 2024, de https://es.wikipedia.org/wiki/Archivo:Honduras_Regions_map.png

Yarris, K. E. (2014). "Pensando mucho" ("Thinking too much"): Embodied distress among grandmothers in Nicaraguan transnational families. Culture,

Medicine, and Psychiatry, 38(3), 473–498. https://doi.org/10.1007/s11013-014-9381-z

Yeoh, B. S. A., Lam, T., Somaiah, B. C., & Acedera, K. A. F. (2023). The critical temporalities of serial migration and family social reproduction in Southeast Asia. *Time and Society, 32*(4), 411–433. https://doi.org/10.1177/0961463x231164473